Alwin Binder, Klaus Haberkamm,
Cordula Kahrmann, Gunter Reiß,
Heinrich Richartz, Manfred Schluchter,
Günter Steinberg.

Einführung in Metrik und Rhetorik

Skripten
Literaturwissenschaft 11

Alwin Binder, Klaus Haberkamm,
Cordula Kahrmann, Gunter Reiß,
Heinrich Richartz, Manfred Schluchter,
Günter Steinberg

Einführung in Metrik und Rhetorik

Scriptor Verlag GmbH
Kronberg Ts.
1974

Umschlagentwurf Stefan Krause
Gesamtherstellung
Friedrich Pustet, Regensburg
Printed in Germany
ISBN 3-589-20027-8

Vorbemerkung

Das vorliegende Heft ist entstanden im Rahmen der gemeinsamen Konzeption und Erprobung eines literaturwissenschaftlichen Grundlagenseminars. Über dessen Stellenwert im Studium und über das Verhältnis von praktischem und theoretischem Teil innerhalb dieses Seminars informiert die Vorbemerkung der im selben Verlag erschienenen „Einführung in Techniken literaturwissenschaftlichen Arbeitens". Auch die Einführung in Metrik und Rhetorik ist aus Vorträgen hervorgegangen und dient der Entlastung bei der Anleitung zum praktischen literaturwissenschaftlichen Arbeiten. Sie soll – analog zum vorangegangenen Heft – Verständnis wecken für Funktion und Leistung von Metrik und Rhetorik sowie die Fähigkeit vermitteln, die vorgeführten Verfahren zur metrischen und rhetorischen Textanalyse selbständig anzuwenden.

Münster, im Juli 1974

Alwin Binder
Klaus Haberkamm
Cordula Kahrmann
Gunter Reiß
Heinrich Richartz
Manfred Schluchter
Günter Steinberg

INHALT

Teil I

EINFÜHRUNG IN DIE METRIK

Inhaltsverzeichnis

1 Einleitung

Ein großer Teil der Literatur ist Versliteratur. Während Lyrik prinzipiell durch Vers konstituiert ist, bleibt bei dramatischen und epischen Texten die besondere Leistung der Versform gegenüber der Prosa festzustellen. In jedem Fall ist davon auszugehen, daß wegen der spezifischen Leistung der Versform sich nur derjenige mit Versliteratur jeder Art angemessen auseinandersetzen kann, der Kenntnis von Metrik hat.

1.1 Zum Begriff der Metrik

Metrik ist eine Disziplin der Literaturwissenschaft. Sie enthält die Lehre von der Bildung und Beschreibung der Verse, soweit es deren Form betrifft.

1.2 Einschränkung des Gegenstandsbereichs

1.21 Die vorliegende Einführung verzichtet darauf, die komplexe Frage nach der Leistung von Verssprache zu beantworten; diese Frage ist ein wesentlicher Teil der Interpretation von Versliteratur.

1.22 Obwohl Verse verschiedener Sprachen und Sprachstufen einander äußerlich oft ähnlich sehen, bedingen die Besonderheiten der Sprachen und Sprachstufen wesentliche Unterschiede zwischen solchen Versen. Deshalb gehört zu jeder Sprach- und Literaturtradition eine eigene Verslehre. Die folgenden Ausführungen beschränken sich auf die Lehre von den *neuhochdeutschen Versen*; andere Verstraditionen werden nur insoweit herangezogen, als sie zum Verständnis neuhochdeutscher Verse nötig sind.

1.3 Zielsetzung der Einführung in die Metrik

Ziel dieser Einführung ist es, ein Instrumentarium von metrischen Grundbegriffen bereitzustellen, das es ermöglicht,
- neuhochdeutsche Verse so zu beschreiben, daß erkennbar wird, nach welchen Regeln die jeweiligen Verse gebildet sind und in welchen Traditionen sie stehen;
- wissenschaftliche Literatur über Verse kritisch zu lesen.

2 Grundbegriffe der Beschreibung von Versen und Versgruppen

2.1 Grundbegriffe der Beschreibung von Versen

Grundbegriffe der Beschreibung von neuhochdeutschen Versen sind
- Vers (Zeile);
- betonte und unbetonte Silben (Hebungen und Senkungen);
- Metrum und metrisches Schema.

Diese Grundbegriffe sollen im folgenden durch einen Vergleich von Verssprache und Prosasprache erläutert werden.

2.11 Vers (Zeile)

Vers bezeichnet ursprünglich denjenigen rein quantitativen Teil eines Textes, der sich vom Zeilenanfang bis zum Zeilenende erstreckt. Insofern ist „Vers" durch „Zeile" ersetzbar.

Im Sprachgebrauch der Literaturwissenschaft ist „Vers" ein qualitativer Begriff. Er geht aus von der Unterscheidung von Vers und Prosazeile.

Prosazeile und Vers

Wiesbaden (dpa). Spritzige Geträn-
ke sind in den letzten Jahren immer
beliebter geworden: Nach jüngsten
Angaben des Statistischen Bundesam-
tes in Wiesbaden wurden in der Bun-
desrepublik Ende 1972 nahezu fünfmal
soviel Sekt und schaumweinähnliche
Getränke getrunken wie 1963.

(Pressemeldung)

So schau' ich hier an des Gehölzes Schattenrand
Bei kurzer Rast auf meiner eignen Füße Paar

(Mörike: Erbauliche Betrachtung. V. 6f.)

Abb. 1

Im Unterschied zur Prosazeile (Abb. 1)
- sind beim Vers Anfang und Ende nicht quantitativ-zufällig bestimmt, sondern nach qualitativen Prinzipien intendiert;
- ist der Vers kein zufälliger Textausschnitt, sondern als Texteinheit konzipiert;
- wird der Vers häufig aus syntaktischen Einheiten gebildet.

2.12 Betonte und unbetonte Silben (Hebungen und Senkungen)

Die Silben der deutschen Sprache werden nicht gleichmäßig betont. Die Silbenbetonung ist, soweit sie für das Verständnis eines Wortes von Bedeutung sein kann (Gebét – gébet), in der Sprache – unabhängig von Vers oder Prosa – eindeutig geregelt (Abb. 2). Die Silbenbetonung hängt darüber hinaus ab von der intendierten Bedeutung des Satzzusammenhanges, in dem das Einzelwort seinen Platz hat.

Betonungsverhältnisse der Prosasprache

Wiesbaden (dpa). Spritzige Getränke sind in den letzten Jahren immer beliebter geworden: Nach jüngsten Angaben des Statistischen Bundesam-

——— : hebungsfordernde Silben

Graphische Veranschaulichung

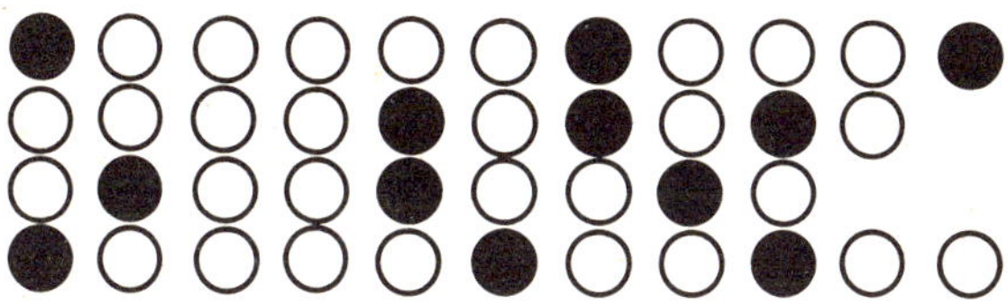

● : hebungsfordernde Silben

○ : übrige Silben

Abb. 2

Im Vers werden die bedeutungsabhängigen Silbenbetonungen überlagert von einer bedeutungsunabhängigen, versspezifischen Silbenbetonung. In diesem Zusammenhang heißen
- betonte Silben auch Hebungen;
- unbetonte Silben auch Senkungen.

Die versspezifische Silbenbetonung basiert auf der Unterscheidung des Sprachmaterials in
- hebungsfordernde Silben (be*liebt*);
- senkungsfordernde Silben (*be*liebt);
- hebungs- und senkungsfähige Silben (z. B. alle einsilbigen Wörter; sie können in Prosa betont oder unbetont auftreten, je nach dem Sinn des Satzzusammenhanges).

Betonungsverhältnisse der Verssprache

So schau' ich hier an des Gehölzes Schattenrand

Bei kurzer Rast auf meiner eignen Füße Paar

═══ : hebungsfordernde Silben

——— : hebungs- und senkungsfähige, hier betonte Silben

Graphische Veranschaulichung (metrisches Schema)

■ : Hebung

□ : Senkung

Abb. 3

2.13 Metrum und metrisches Schema

Im Unterschied zur Prosasprache (Abb. 2) liegt der deutschen Verssprache das Prinzip der geregelten Abfolge von Hebungen und Senkungen zugrunde. Dieses allgemeine Prinzip der Verssprache kann in verschiedenen Formen erscheinen.

Die jeweilige Form der Abfolge von Hebungen und Senkungen eines Verses heißt Metrum.

Die graphische Veranschaulichung des Metrums heißt metrisches Schema.

Ein mögliches Beispiel für solche Veranschaulichung gibt Abb. 3. Die üblichen Veranschaulichungsweisen werden in den folgenden Kapiteln vorgestellt.

Bei der Bestimmung eines Metrums ist zu beachten,
- daß die Hebungen und Senkungen des Metrums nicht nur durch hebungs- bzw. senkungsfordernde Silben allein verwirklicht werden, sondern auch durch hebungs- und senkungsfähige Silben;
- daß wegen der dadurch möglichen Betonungsvariationen dem Text das Metrum des Verses häufig nicht unmittelbar zu entnehmen ist, sondern erschlossen werden muß;
- daß das erschlossene Metrum die zunächst betonungsneutralen hebungs- und senkungsfähigen Silben entsprechend ihrer Funktion im Vers eindeutig als Hebungen oder Senkungen bestimmt.

Das Metrum schematisiert im neuhochdeutschen Vers nur Betonungsverhältnisse, alle anderen sprachlichen Momente eines Verses erfaßt es nicht, z. B.
- Gliederung durch syntaktische Einheiten;
- Lautgestalt;
- Verhältnis von metrisch geforderten Hebungen und deren Realisierung durch hebungsfordernde bzw. durch nur hebungsfähige Silben;
- intendierte Abweichungen vom metrischen Schema;
- Spannung zwischen bedeutungsabhängiger Betonung und metrisch fixierter Betonung (Beispiel: 4.56).

Das Zusammenwirken zwischen dem metrischen Schema und seiner sprachlichen Verwirklichung wird meist Rhythmus genannt. Es wird in der vorliegenden Einführung nicht berücksichtigt.
Beispiel für unterschiedliche Rhythmen bei gleichem Metrum:

> Hör, es klagt die Flöte wieder,
> Und die kühlen Brunnen rauschen.
> Golden wehn die Töne nieder –
> Stille, stille, laß uns lauschen!

(Brentano: Abendständchen. Str. I.)

> Schütz' euch Gott vor Überhitzung,
> Allzu starke Herzensklopfung,
> Allzu riechbarliche Schwitzung,
> Und vor Magenüberstopfung.

(Heine: Nachlese. Buch I. Nr. 53. Str. I.)

2.2 Grundbegriffe der Anordnung von Versen

Verse stehen in der Regel nicht einzeln.

Für die Anordnung von Versen gibt es zwei Prinzipien:
- Versgruppierung;
- Versreihung.

2.21 Versgruppierung

Bei der Versgruppierung sind Verse in Gruppen angeordnet, die unterschieden werden in:
- Strophen;
- nicht-strophische Versgruppen.

2.211 Strophe

Eine Strophe ist eine aus gleichgebauten oder verschiedenartigen Versen zusammengesetzte, prinzipiell selbständige Versgruppe, deren Bauform in einem Text- oder Traditionszusammenhang wiederholt wird.

Beispiel:

Gelegt hat sich der starke Wind,
Und wieder stille wird's daheime;
Germania, das große Kind,
Erfreut sich wieder seiner Weihnachtsbäume.

Wir treiben jetzt Familienglück –
Was höher lockt, das ist vom Übel –
Die Friedensschwalbe kehrt zurück,
Die einst genistet in des Hauses Giebel.

Gemütlich ruhen Wald und Fluß,
Von sanftem Mondlicht übergossen;
Nur manchmal knallt's – Ist das ein Schuß? –
Es ist vielleicht ein Freund, den man erschossen.

(Heine: Im Oktober 1849. V. 1–12.)

2.212 Nicht-strophische Versgruppe

Nicht-strophisch sind Versgruppen, für die die unter 2.211 genannten Merkmale der Strophe nicht zutreffen.

Beispiel für ungleiche Versgruppen:

O flaumenleichte Zeit der dunkeln Frühe!
Welch neue Welt bewegest du in mir?
Was ist's, daß ich auf einmal nun in dir
Von sanfter Wollust meines Daseins glühe?

Einem Krystall gleicht meine Seele nun,
Den noch kein falscher Strahl des Lichts getroffen;
Zu fluten scheint mein Geist, er scheint zu ruhn,
Dem Eindruck naher Wunderkräfte offen,
Die aus dem klaren Gürtel blauer Luft
Zuletzt ein Zauberwort vor meine Sinne ruft.

Bei hellen Augen glaub' ich doch zu schwanken;
Ich schließe sie, daß nicht der Traum entweiche.
Seh' ich hinab in lichte Feenreiche?
Wer hat den bunten Schwarm von Bildern und Gedanken
Zur Pforte meines Herzens hergeladen,
Die glänzend sich in diesem Busen baden,
Goldfarb'gen Fischlein gleich im Gartenteiche?

(Mörike: An einem Wintermorgen, vor Sonnenaufgang. V. 1–17.)

Es gibt regelmäßig gebaute Versgruppen, denen aber durch formale Verkettung mit den umgebenden Gruppen die Selbständigkeit fehlt und die deshalb meist nicht als Strophen angesehen werden. (Vgl. 4.54.)

2.22 Versreihung (stichische Anordnung)

Bei der Versreihung oder stichischen Anordnung (griechisch stichos = Vers, Zeile) folgen Verse ohne Gruppenbildung aufeinander.

Beispiel:

SOSIAS [. . .]
Ei, hols der Henker! ob ich mutig bin,
Ein Mann von Herz; das hätte mein Gebieter
Auf anderm Wege auch erproben können.
Ruhm krönt ihn, spricht die ganze Welt, und Ehre,
Doch in der Mitternacht mich fortzuschicken,
Ist nicht viel besser, als ein schlechter Streich.
Ein wenig Rücksicht wär, und Nächstenliebe,
So lieb mir, als der Keil von Tugenden,
Mit welchem er des Feindes Reihen sprengt.
Sosias, sprach er, rüste dich mein Diener,
Du sollst in Theben meinen Sieg verkünden
Und meine zärtliche Gebieterin
Von meiner nahen Ankunft unterrichten.
Doch hätte das nicht Zeit gehabt bis morgen,
Will ich ein Pferd sein, ein gesatteltes!

(Kleist: Amphitryon. I, 1. V. 14–28.)

2.3 Grundbegriffe der Klangkorrespondenz zwischen Versen

In einem großen Teil der neuhochdeutschen Versliteratur spielen Gleichklänge eine Rolle, die Korrespondenzen zwischen zwei und mehr Versen (oder auch innerhalb eines Verses) herstellen. Man unterscheidet zwei Formen solcher Klangkorrespondenzen:
- Reim;
- Assonanz.

2.31 Reim

Als Reim bezeichnet man den Gleichklang aller Laute zweier (oder mehrerer) Wörter vom letzten betonten Vokal an.

Beispiele: H*erz* – Schm*erz*, L*iebe* – Tr*iebe*, G*utes* – t*ut es*, b*ald* – Fichtenw*ald*.

Werden auch noch vorausgehende Konsonanten in den Reim einbezogen, so spricht man im Deutschen von rührendem Reim.

Beispiel: *Teetisch – ästhetisch.*

Nach ihrer Plazierung im Vers lassen sich unterscheiden:
- Endreim;
- Binnenreim;
- Anfangsreim.

Reime sind für die deutsche Versliteratur spätestens seit dem Mittelhochdeutschen konstitutives Element; erst seit dem 18. Jahrhundert wird in der deutschen Versliteratur in zunehmendem Maß auf den Reim verzichtet.

2.311 Endreim

Als Endreim bezeichnet man Reime, die das Versende auszeichnen und dadurch stets Klangkorrespondenzen zwischen zwei oder mehreren Versen erzeugen.

Die Anordnung der Endreime wird schematisch durch Kleinbuchstaben angegeben; der erste Reim wird mit „a“ bezeichnet, der zweite mit „b“, der dritte mit „c“ usw.

Ist in einer gereimten Strophe oder Versgruppe eine einzelne Zeile nicht gereimt, so nennt man sie Waise („W“); reimen sich Waisen verschiedener Strophen, so nennt man sie Körner („K“).

Die häufigsten Anordnungen der Endreime („Reimstellungen“) sind:
- Paarreim: aabb;
- Kreuzreim: abab;
- umarmender Reim: abba;
- Schweifreim: aabccb.

Beispiele:

Paarreim

Denk ich an Deutschland in der N*acht*, a
Dann bin ich um den Schlaf gebr*acht*, a
Ich kann nicht mehr die Augen sch*ließen*, b
Und meine heißen Thränen f*ließen*. b

(Heine: Nachtgedanken. Str. I.)

Kreuzreim

Zehr und Patschek waren Kapit*äne* a
Doch auf keinem Schiff und keinem M*eer* b
Für Herrn Patschek schwammen Kohlenk*ähne* a
Aber Dünger fabrizierte Z*ehr*. b

(Brecht: Zehr und Patschek. Str. I.)

Umarmender Reim

Was heut müde gehet *unter*, a
Hebt sich morgen neugeb*oren*. b
Manches bleibt in Nacht verl*oren* – b
Hüte Dich, bleib wach und *munter*! a

(Eichendorff: Zwielicht. Str. IV.)

Schweifreim

Die bange Nacht ist nun her*um*, a
Wir reiten still, wir reiten st*umm*, a
  Und reiten in's Verd*erben*. b
Wie weht so scharf der Morgen*wind*! c
Frau Wirthin, noch ein Glas gesch*wind* c
  Vorm Sterben, vorm St*erben*. b

(Herwegh: Reiterlied. Str. I.)

2.312 Binnenreim

Als Binnenreim bezeichnet man Reime, deren Reimwörter alle oder zum Teil im Versinneren stehen. Binnenreime können Klangkorrespondenzen herstellen
- zwischen Wörtern eines Verses;
- zwischen verschiedenen Versen.

In manchen Verslehren ist der Begriff Binnenreim auf Reime beschränkt, die Klangkorrespondenzen innerhalb eines Verses herstellen.

Beispiel für Klangkorrespondenzen zwischen verschiedenen Versen und gleichzeitig innerhalb einzelner Verse:

> Herbst du sollst mich Haushalt l*ehren*,
> Zu entb*ehren*, zu beg*ehren*,
> Und du Winter lehr mich st*erben*,
> Mich verd*erben*, Frühling *erben*.

(Brentano: Lieb und Leid [. . .]. Str. IV.)

Hier sind die Verse 1 und 2 sowie die Verse 3 und 4 durch Paarreim am Versende verbunden; in den Versen 2 und 4 ist jeweils eine zusätzliche Klangkorrespondenz durch ein Reimwort im Versinneren geschaffen.

2.313 Anfangsreim

Als Anfangsreim bezeichnet man Reime, die am Versanfang stehen und dadurch stets Klangkorrespondenzen zwischen zwei (oder mehreren) Versen schaffen.

Beispiel:

> Steigt das Büblein auf den Baum,
> Ei, so hoch, man sieht es kaum.
> Schl*üpft* von Ast zu Ästchen,
> H*üpft* zum Vogelnestchen.
> *Ui! da* lacht es,
> H*ui! Da* kracht es –
> Plumps, da liegt es drunten.

(Güll: Kletterbüblein.)

2.32 Assonanz

Als Assonanz bezeichnet man den Gleichklang nur der Vokale zweier (oder mehrerer) Wörter vom letzten betonten Vokal an.
Assonanzen sind in deutscher Versliteratur nur selten verwendet worden.

Beispiel:

> Jetzt auch hält auf stummen H*ü*g*e*ln
> Einsam-freudig seine W*a*ch*e*
> Phosphoros, der Held der Fr*ü*h*e*,
> Strahlend, ernsthaft, sinnend, h*a*rr*e*nd.

(Brentano: Romanzen vom Rosenkranz. I. V. 5–8.)

Vgl. auch Vers 1 und 2 des Beispiels in 2.313: St*ei*gt – *Ei*.

2.4 Grundbegriffe der Beschreibung des Verhältnisses von Syntax und Versgrenze

Die Syntax kann sich auf zwei Arten zur Versgrenze verhalten; danach unterscheidet man:
- End-Stop;
- Enjambement.

2.41 End-Stop

End-Stop oder Zeilenschluß liegt vor, wenn Versgrenze und Ende einer syntaktischen Einheit (eines Satzes oder auch einer kleineren Einheit) zusammenfallen.

Beispiel:

> Jhr lebet in der Zeit / und kennt doch keine Zeit /
> So wisst Jhr Menschen nicht von / und in was Jhr seyd.
> Diß wisst Jhr / daß ihr seyd in einer Zeit gebohren.
> Und daß ihr werdet auch in einer Zeit verlohren.
> Was aber war die Zeit / die euch in sich gebracht?
> Und was wird diese seyn / die euch zu nichts mehr macht?
> Die Zeit ist was / und nichts. Der Mensch in gleichem Falle.
> Doch was dasselbe was / und nichts sey / zweifeln alle.

(Fleming: Gedancken / über der Zeit. V. 1–8.)

Für die beschriebene Erscheinung gibt es – anders als für ihren Gegensatz – in der deutschen Metrik keinen festen Terminus. Der hier vorgeschlagene Terminus „End-Stop" orientiert sich an der in der englischen Metrik üblichen Bezeichnung „end-stopped line" oder „end-stopped".

2.42 Enjambement

Enjambement (französisch enjamber = überschreiten, überspringen) oder Zeilensprung liegt vor, wenn Versgrenze und Ende einer syntaktischen Einheit nicht zusammenfallen, sondern syntaktisch eng Zusammengehörendes die Versgrenze übergreift.

Beispiel:

Wie soll ich meine Seele halten, daß
sie nicht an deine rührt? Wie soll ich sie
hinheben über dich zu andern Dingen?
Ach gerne möcht ich sie bei irgendwas
Verlorenem im Dunkel unterbringen
an einer fremden stillen Stelle, die
nicht weiterschwingt, wenn deine Tiefen schwingen.

(Rilke: Liebes-Lied. V. 1–7.)

Wird beim Enjambement eine Strophengrenze überschritten, so spricht man von Strophensprung.

Beispiel:

Aber schwer in das Thal hieng die gigantische,
Schicksaalskundige Burg nieder bis auf den Grund
Von den Wettern zerrissen;
Doch die ewige Sonne goss
Ihr verjüngendes Licht über das alternde
Riesenbild, und umher grünte lebendiger
Epheu; freundliche Wälder
Rauschten über die Burg herab.

(Hölderlin: Heidelberg. V. 21–28.)

3 Fußmessendes Verfahren

3.1 Anwendungsbereich

Das fußmessende Verfahren hat seinen Namen daher, daß es Verse durch die Zerlegung in (Vers-)„Füße“ als in ihre kleinsten Bauelemente „mißt“. Damit ist der Anwendungsbereich dieses Verfahrens der Versbeschreibung auf solche Verse eingeschränkt, in denen Versfüße eine Rolle spielen. Da Versfüße konstituierendes Merkmal vieler antiker (griechischer und lateinischer) Verse sind, ist das Verfahren auf die Beschreibung dieser Verse anwendbar. Innerhalb der deutschen Versliteratur läßt es sich sinnvoll nur auf diejenigen Verse anwenden, die sich an antiken Vorbildern orientieren.

Solche Verse sind nur dann angemessen zu beschreiben, wenn man die wesentlichen Elemente antiker Verspraxis berücksichtigt. Deshalb sollen zunächst diese Elemente vorgestellt werden.

3.2 Hauptmerkmale antiker Verssprache

Es soll hier vom lateinischen Vers ausgegangen werden. Seine Hauptmerkmale sind

- (im Prinzip) Unterscheidung des sprachlichen Materials nach Silbenquantitäten, d. h. nach langen und kurzen Silben; die Sprechdauer einer kurzen Silbe gilt als Zeiteinheit, die sogenannte Mora; langen Silben werden zwei Moren zugemessen;
- feste Kombinationen von langen und kurzen Silben zu Versfüßen;
- feste Kombinationen von langen und kurzen Silben oder von Versfüßen zu Versen und Strophen.

3.3 Zeichen zur Beschreibung antiker Verse

Da man den antiken Vers als eine geregelte Abfolge einer bestimmten Anzahl von langen und kurzen Silben auffassen kann, genügen zu seiner Beschreibung zwei Zeichen,

- für lange Silben: –;
- für kurze Silben: ◡.

Wegen der Form dieser Zeichen spricht man auch von Strich-Haken-Verfahren. Wegen der Bedeutung der Zeichen – sie bedeuten die zeitliche Quantität der Silben – spricht man auch von Quantitieren.

3.4 Erläuterung der Hauptmerkmale antiker Verssprache

Im einzelnen sind für die antike Verssprache folgende Merkmale konstitutiv:

- lange und kurze Silben;
- Versfüße;
- Versformen;
- Strophenformen.

3.41 Lange und kurze Silben

Silben gelten als lang,
- wenn ihr Vokal lang ist (Naturlänge);
- wenn ihr Vokal kurz ist, jedoch vor einer Konsonantenverbindung steht (Positionslänge), wobei die Wortgrenze keine Rolle spielt.

Beispiel:

At tuba terribilī sonitū taratantara dīxit
1 2 3 4 5 6

(Ennius)

Die Unterstreichungen zeigen die langen Silben an. Die Längen Nr. 3, 4 und 6 sind Naturlängen (wie üblich mit Strich über dem Vokal gekennzeichnet); die Längen Nr. 1, 2 und 5 sind Positionslängen.

3.42 Versfüße

Aus langen und kurzen Silben bildet die antike Verssprache feste Kombinationen, die sogenannten Versfüße (Abb. 4). Sie sind nach ihrer Morensumme zu gruppieren. Innerhalb dieser Gruppen unterscheiden sie sich durch die Anordnung der langen und kurzen Silben.

Morensumme	Anordnung der langen und kurzen Silben	Bezeichnung des Versfußes	Beschreibung des Versfußes
3	1 : 2	Jambus	⏑ –
3	2 : 1	Trochäus	– ⏑
4	2 : 1 : 1	Daktylus	– ⏑ ⏑
4	1 : 1 : 2	Anapäst	⏑ ⏑ –
4	2 : 2	Spondeus	– –
4	1 : 2 : 1	Amphibrachys	⏑ – ⏑
5	2 : 1 : 2	Kretikus	– ⏑ –

Abb. 4

Es gibt außer dem Kretikus noch eine Reihe von Versfüßen mit mehr als vier Moren, die aber in unserem Zusammenhang nicht wichtig sind.

3.43 Versformen

3.431 Bauprinzipien

Der Versuch, die überlieferten antiken Verse metrisch zu systematisieren, führte zur Formulierung zweier Bauprinzipien:

- Das erste Bauprinzip bezieht sich auf vorwiegend im Epos und im Drama benutzte Verse. Es führt diese zurück auf eine festgelegte Anzahl gleicher Versfüße, z. B. bilden sechs Daktylen einen Hexameter.

Unter bestimmten Bedingungen kann dabei ein Versfuß durch einen anderen von gleicher Morensumme ersetzt werden, z. B. ein Daktylus durch einen Spondeus.

- Das zweite Bauprinzip bezieht sich auf vorwiegend in der Lyrik benutzte Verse. Es führt diese zurück auf festgelegte Kombinationen langer und kurzer Silben. Die Anordnung ist im wesentlichen durch die Tradition bestimmt.

In der Praxis der Metrik werden auch solche Verse hilfsweise in Versfüße zerlegt, z. B. wird die erste Zeile der alkäischen Odenstrophe (3.632) in drei Jamben, einen Anapäst, einen Jambus zerlegt.

3.432 Versvariationen

Antike Verse sind nicht starr geregelt; ihre Bauformen sehen vielmehr bestimmte Variationen vor. Solche Variationen sind (neben der Möglichkeit, Versfüße auszutauschen; vgl. 3.431 und 3.61):
- Zäsur und Diärese;
- syllaba anceps;
- Versschlüsse.

3.4321 Zäsur und Diärese

Der antike Vers ist gegliedert durch das Zusammentreffen von Wortenden mit bestimmten Stellen im Vers.

In Versen nach dem ersten Bauprinzip können diese Stellen liegen:
- im Innern eines Versfußes: Zäsur;
- auf der Grenze zwischen zwei Versfüßen: Diärese.

Für beide Einschnitte werden in den Metriken verschiedene Zeichen benutzt. Wir kennzeichnen die Zäsur durch einen Strich (|), die Diärese durch zwei Striche (||).

Beispiel:

et quae tanta fuit Romam tibi causa videndi?

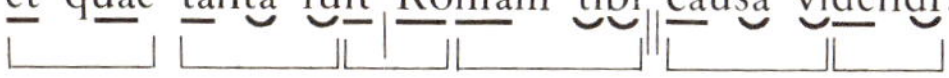

(Vergil: Bucolica. I. V. 26.)

An welchen Stellen des Verses ein Wortende als Zäsur oder Diärese aufzufassen ist, ist durch Tradition bestimmt. Diese Stellen haben besondere Namen; z. B. handelt es sich in dem zitierten Vergil-Vers bei der Diärese um die sogenannte bucolische Diärese (= Wortende nach dem vierten Daktylus), bei der Zäsur um die sogenannte Penthemimeres (= Wortende nach dem fünften halben Daktylus; vgl. auch 3.61).

Obwohl es in den Versen nach dem zweiten Bauprinzip keine festgelegten Versfüße gibt, werden vergleichbare Untergliederungen als Zäsur bezeichnet. Eine Unterscheidung von Zäsur und Diärese wird hier nicht gemacht.

Die Verspraxis strebt nicht nur nach formaler Erfüllung der Zäsur- und Diärese-Regeln, sondern setzt sie als Stilmittel ein.

3.4322 Syllaba anceps

In beiden Verstypen gibt es festgelegte Stellen, an denen wahlweise eine lange oder eine kurze Silbe stehen kann. Diese Stelle heißt syllaba anceps (anceps = doppelköpfig). Sie wird entsprechend $\overset{-}{\smile}$ bzw. $\overset{\smile}{-}$ notiert (vgl. 3.52, 3.631, 3.632, 3.633).

In den Versen nach dem ersten Bauprinzip kann die letzte Silbe anceps sein. In den Versen nach dem zweiten Bauprinzip gibt es solche Stellen auch im Versinneren.

3.4323 Versschlüsse

Antike Verse können auf verschiedene Weise enden:
- mit vollständigem Versfuß (akatalektisch);
- mit unvollständigem Versfuß (katalektisch);
- mit erweitertem Versfuß (hyperkatalektisch).

Beispiel: Der letzte (sechste) Daktylus des Hexameters (3.61) ist regelmäßig zweisilbig. Die zweite Silbe ist syllaba anceps. Wenn hier eine kurze Silbe gewählt ist, so fehlt diesem Versfuß eine More, der Vers endet also katalektisch.

3.44 Strophenformen

Die antiken Strophen sind nach tradierten Mustern aus Versen zusammengefügt. In der Regel handelt es sich um Verse nach dem zweiten Bauprinzip (3.431). Für die deutsche Dichtung besonders wichtig sind die Odenstrophen, und zwar hauptsächlich in der Form, die sich in der lateinischen Dichtung (Horaz) aus den griechischen Mustern entwickelt hatte (vgl. 3.63).

Es sind nur wenige Odenstrophenformen überliefert. Sie werden berühmten Dichtern zugeschrieben und nach ihnen benannt.

3.5 Verfahren zur Beschreibung der an antiken Mustern orientierten deutschen Verse

3.51 Vorbemerkung

3.511 Zur Geschichte der Orientierung deutscher Verse an antiken Mustern

In der antiken Kunst spielte die Tradition eine bedeutende Rolle: Große Dichter wurden als Vorbilder betrachtet, mit denen man wetteiferte. So wurden in der Antike über Jahrhunderte hinweg die Vers- und Strophenformen solcher großer Dichter im wesentlichen unverändert überliefert. Vor allem für die römischen Dichter gilt, daß sie die ursprüngliche italische Dichtung als roh verwarfen und die lateinische Dichtung durch Übernahme griechischer Formen zu veredeln suchten.

Die Formen, die die so entstehende Tradition überlieferte, wurden immer wieder nachgeahmt, und die eigene Leistung bestand zu einem wesentlichen Teil in kunstvoller Variation des Tradierten.

Ähnlich glaubte eine Reihe deutscher Dichter und Dichtungstheoretiker, die deutsche Dichtung durch Schulung an den antiken Vorbildern veredeln zu müssen und zu können. Dieser Aneignungsprozeß setzte mit dem deutschen Humanismus ein und erreichte seinen Höhepunkt zur Zeit Klopstocks und Hölderlins, also im späten 18. Jahrhundert. Odenstrophen, Hexameter sowie andere antike Vers- und Strophenformen gehören seither und noch bis in die neueste Zeit zur deutschen Verstradition.

3.512 Schwierigkeiten bei der Übernahme antiker Muster

Wenn man von Übernahme antiker Muster spricht, muß man bedenken, daß deren zwanglose Übernahme in die deutsche Sprache nicht möglich ist.

In der antiken Dichtung wird der Aufbau von Versen konstituiert durch die Unterscheidung von Silbenquantitäten (vgl. 3.2). Dabei können hinsichtlich der Betonung der Wörter zwischen Prosaakzent und Versakzent Widersprüche entstehen, d. h. ein Wort kann im Vers an Stellen betont werden, an denen es in Prosa nicht betont werden würde.

Beispiel:

Árma virúmque canó, Troiáe qui prímus ab óris

(Vergil: Aeneis. V. 1.)

Vers: canó, Troiáe
Prosa: cáno, Tróiae

Obwohl man im Deutschen mehrfach versuchte, eine Prosodie (Lehre von den Silbenquantitäten) aufzustellen, die analog zur lateinischen Praxis Natur- und Positionslängen (3.41) normativ festlegen sollte, ist es nicht gelungen, bei der Nachahmung antiker Verse den Silbenquantitäten soviel Bedeutung zu geben, daß man den Wortakzent hätte vernachlässigen können. Wo es bei der Übertragung antiker Versbauprinzipien auf deutsche Dichtung zu Widersprüchen zwischen Prosa- und Versakzent kommt, werden solche Widersprüche als befremdend empfunden.

Deshalb wird in der deutschen Dichtung auch der Aufbau von Versen, die sich an antiken Mustern orientierten, im allgemeinen konstituiert durch die Gliederung des Verses nach betonten und unbetonten Silben.

Bei einer genauen Beschäftigung mit deutscher Versdichtung, die nach prosodischen (d. h. Silbenquantitäten berücksichtigenden Regeln gebaut ist) müssen solche Regeln bei der metrischen Analyse einbezogen werden. (Vgl. unter Punkt 6.4 das Gedicht Platens, wo die „langen“ Silben nicht nur hebungsfordernd bzw. hebungsfähig, sondern auch, analog zur lateinischen Prosodie, Natur- bzw. Positionslängen sind.) Diese Einführung vernachlässigt jedoch diesen speziellen Aspekt.

3.52 Hauptmerkmale der an antiken Mustern orientierten deutschen Verse

Charakteristisch für die deutschen Nachbildungen antiker Verse ist die Tendenz, das jeweilige, durch die feste Anordnung einer bestimmten Anzahl langer und kurzer Silben konstituierte Muster in einer genau entsprechenden Anordnung betonter und unbetonter Silben zu reproduzieren. Abb. 5 gibt dafür ein Beispiel (ein Vers nach dem zweiten Bauprinzip; Bestandteil der sogenannten sapphischen Odenstrophe, 3.633).

Deutsche Nachbildung eines antiken Odenverses

Antikes Schema	–	⏑	–	(⏒)	–	⏑	⏑	–	⏑	–	(⏒)
Horaz	In-	te-	ger	vi-	tae	sce-	le-	ris-	que	pu-	rus
Beschreibung	–	⏑	–	–	–	⏑	⏑	–	⏑	–	⏑
Horaz (dt.Übers.)	Wér	in	Ún-	schuld	lébt	und	von	Sǘn-	den	réin	ist
Lenau	Stíl-	le	wírd's	im	Wál-	de;	die	líe-	ben	kléi-	nen
Weinheber	Tót	ist	ál-	les	Búch	und	das	Wórt	der	Schríf-	ten
Beschreibung	■	□	■	□	■	□	□	■	□	■	□
	1	2	3	4	5	6	7	8	9	10	11

Abb. 5

Die betonten Silben in den deutschen Versen sind durch Akzentzeichen markiert, so daß beim Vergleich mit dem antiken Schema zu sehen ist, wie im Vers die lateinischen langen und die deutschen betonten Silben korrespondieren.

Eine Ausnahme bilden die vierte und die elfte Silbe. Diese, im Schema markiert durch Kreise, sind jeweils syllaba anceps. Im Horaz-Beispiel ist von den im

Schema vorgegebenen Variationsmöglichkeiten so Gebrauch gemacht, daß die vierte Silbe lang, die elfte kurz ist.

Die Freiheit der Wahl zwischen langer und kurzer Silbe an diesen Stellen kann für den deutschen Vers nicht eine Freiheit der Wahl zwischen betonter und unbetonter Silbe bedeuten, da mehrere betonte Silben hintereinander kaum zu realisieren sind. Die entsprechenden Stellen werden also nicht betont, selbst wenn es gelingt, diese Stellen im Deutschen durch lange Silben zu realisieren.

Das Schema für die deutsche Nachbildung dieses antiken Odenverses ist also, hinsichtlich der Betonungsverhältnisse, nicht variabel, sondern fest.

3.53 Beschreibung der an antiken Mustern orientierten deutschen Verse

Üblicherweise werden deutsche Verse, die antiken Mustern nachgebildet sind, mit demselben Strich-Haken-Verfahren aufgezeichnet. Es bedeuten dann
- die Haken unbetonte Silben;
- die Striche betonte Silben.

Beim (deutschen) Spondeus aber kann der Strich dann eine unbetonte Silbe bedeuten, wenn er im lateinischen Schema eine Länge bezeichnet, die zwei Kürzen ersetzt.

Zum Beispiel kann im Hexameter der Antike ein Daktylus (—⏑⏑) durch einen Spondeus (– –), d. h. es können die beiden kurzen Silben durch eine lange Silbe ersetzt werden. Wenn analog dazu im deutschen Hexameter die beiden unbetonten Silben des Daktylus durch nur eine Silbe ersetzt werden, so wird diese Stelle, obgleich sie wie eine Hebung bezeichnet ist, in der Regel nicht betont.

Um Eindeutigkeit zu schaffen, werden in dieser Einführung die betonten Silben, die invariable Längen des lateinischen Schemas ersetzen, durch Akzentzeichen zusätzlich markiert.

Beispiel: (deutscher) Daktylus: –́⏑⏑ ; (deutscher) Spondeus: –́—.

Das setzt voraus, daß man im antiken Schema die Stellen kennt, an denen zwei Kürzen durch eine Länge ersetzt werden können.

Grundsätzlich gilt also: Die Orientierung deutscher Verse an antiken Mustern kann man nur dann nachweisen und metrisch auswerten, wenn man die antiken Muster selbst kennt.

Außer den Zeichen wurden zur Beschreibung der deutschen Nachbildungen aus der antiken Metrik übernommen:
- die Namen für Versfüße;
- die Namen für Verse;
- die Namen für Strophen.

3.6 Antike Vers- und Strophenformen in deutscher Nachbildung

Vorgestellt werden im folgenden nur die im Deutschen am häufigsten nachgebildeten antiken Vers- und Strophenformen:
- der Hexameter;
- das Distichon;
- drei Odenstrophen (asklepiadeisch, alkäisch, sapphisch).

3.61 Hexameter

Der Hexameter ist ein Vers nach dem ersten der in 3.43 vorgestellten Bauprinzipien.

Antikes Schema:

— ◡¯◡ — ◡¯◡ — ◡¯◡ — ◡¯◡ — ◡ ◡ — ⏓

Hauptmerkmale des Hexameters sind:
- Er besteht aus sechs Daktylen.
- Der letzte Daktylus ist immer nur zweisilbig, der Vers endet entweder katalektisch oder akatalektisch (3.4323), wird aber in der üblichen metrischen Terminologie prinzipiell als katalektischer Vers bezeichnet.
- Jeder Daktylus außer dem vorletzten kann durch einen Spondeus ersetzt werden.
- Der Hexameter hat folgende Hauptzäsuren:
- – Thríthemimeres, nach dem dritten halben Daktylus:

— ◡¯◡ — | ◡¯◡ — ◡¯◡ — ◡¯◡ — ◡◡ — ⏓

- – Pénthemimeres, nach dem fünften halben Daktylus:

— ◡¯◡ — ◡¯◡ — | ◡¯◡ — ◡¯◡ — ◡ ◡ — ⏓

- – Héphthemimeres, nach dem siebten halben Daktylus:

— ◡¯◡ — ◡¯◡ — ◡¯◡ — | ◡¯◡ — ◡ ◡ — ⏓

Trithemimeres und Hepthemimeres treten häufig kombiniert auf.

Beispiel:

Pfingsten, das liebliche Fest war gekommen; es grünten und blühten
Feld und Wald; auf Hügeln und Höhn, in Büschen und Hecken
Übten ein fröhliches Lied die neuermunterten Vögel;

(Goethe: Reineke Fuchs. V. 1–3.)

Beschreibung:

⊥ ◡ ◡ ⊥ ◡ ◡ ⊥ | ◡ ◡ ⊥ ◡ | ◡ ⊥ ◡ ◡ ⊥ ◡
⊥ – ⊥ | – ⊥ ◡ ◡ ⊥ | – ⊥ ◡ ◡ ⊥ ◡
⊥ ◡ ◡ ⊥ ◡ ◡ ⊥ | – ⊥ – ⊥ ◡ ◡ ⊥ ◡

Der antike Hexameter, zusammengesetzt aus sechs Daktylen, wird im Deutschen zu einem Vers mit sechs Hebungen, zwischen denen, entsprechend dem Aufbau des Daktylus bzw. des Spondeus, der ihn im Vers ersetzen kann, eine oder zwei unbetonte Silben stehen können.

Der erste Vers des Beispiels besteht ganz aus Daktylen, d. h. jeder betonten Silbe (bis auf die letzte) folgen zwei unbetonte Silben. Der metrischen Beschreibung der Verse 2 und 3 ist zu entnehmen, daß auch im Deutschen alle Daktylen außer dem vorletzten durch Spondeen ersetzbar sind, d. h., daß jeder betonten nur eine unbetonte Silbe folgen kann. In den drei Versen treten die drei Hauptzäsuren auf, und zwar im ersten Vers Penthemimeres und Hephthemimeres (letztere in einer Variante: nicht hinter der betonten, sondern hinter der ersten unbetonten Silbe des Versfußes), im zweiten Vers Trithemimeres und Hephthemimeres, im dritten Vers Penthemimeres.

Der Hexameter ist immer ein beliebter Epenvers gewesen wegen seiner großen Variabilität, die auf der Austauschbarkeit der Versfüße und der Möglichkeit des Zäsurenwechsels beruht.

3.62 Distichon

Der Hexameter kann mit einem anderen, ähnlich gebauten Vers, dem Pentameter, kombiniert werden. Ein Hexameter und ein Pentameter heißen zusammen Distichon (= Zweizeiler). Der Pentameter kommt in der Regel nicht allein vor.

Er besteht aus zwei gleichgebauten Hälften. Sie sind identisch mit einem Teil des Hexameters, nämlich mit seinen ersten fünf halben Daktylen (bis zur Penthemimeres, Abb. 6).

Bauprinzip des Pentameters

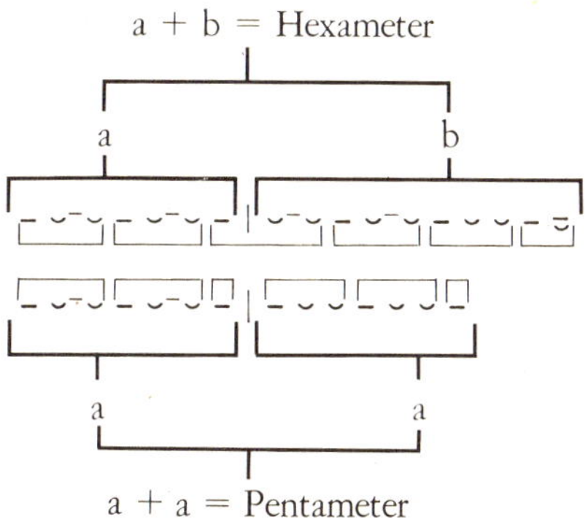

Abb. 6

Auch dieser Vers hat, wie der Hexameter, sechs Daktylen. Sein Name, Pentameter, bedeutet aber Fünffüßler. Das erklärt sich möglicherweise daraus, daß der dritte und der sechste Daktylus unvollständig sind und man also gerechnet hat (vgl. Abb. 6):

$$2 \cdot 2\tfrac{1}{2} = 5.$$

Im Pentameter können nur die ersten beiden Daktylen durch Spondeen ersetzt werden. Sein auffälligstes Merkmal ist die ihn halbierende, durch das Zusammentreffen zweier Hebungen besonders gewichtige Zäsur.

Das Distichon ist in der deutschen Verskunst weit verbreitet. Es wurde vor allem für Epigramme und Elegien benutzt.

Beispiel:

Gerne dien ich den Freunden, doch tu ich es leider mit Neigung,
Und so wurmt es mir oft, daß ich nicht tugendhaft bin.

(Goethe/Schiller: Gewissensscrupel. Xenien. Nr. 388.)

Beschreibung:

–́ – –́ ⏑ ⏑ –́ ⏑ | ⏑ –́ ⏑ ⏑ –́ ⏑ ⏑ –́ ⏑
–́ – –́ ⏑ ⏑ –́ | –́ ⏑ ⏑ –́ ⏑ ⏑ –́

3.63 Odenstrophen

Das Bauprinzip der Verse, aus denen die meist vierzeiligen Odenstrophen zusammengesetzt sind, ist das zweite der unter 3.431 beschriebenen.

Den deutschen Nachbildungen antiker Odenstrophen wurde häufig das entsprechende metrische Schema zur Verdeutlichung des intendierten Traditionszusammenhanges vorangestellt.

Die für die deutsche Verskunst wichtigsten Odenstrophen sind:
- die asklepiadeische Strophe;
- die alkäische Strophe;
- die sapphische Strophe.

Die Bezeichnungen sind von den Namen derjenigen griechischen Dichter hergeleitet, die diese Strophen durch ihre dichterische Praxis berühmt gemacht haben:
- Asklepíades (um 270 v. Chr.);
- Alkáios (um 660 v. Chr.);
- Sáppho (um 600 v. Chr.).

Die Auseinandersetzung mit den alten Mustern hat deutsche Dichter, z. B. Klopstock und Platen, auch dazu angeregt, in Analogie zu antiken Odenstrophen eigene Odenstrophen zu bilden und als Muster zu benutzen (vgl. 6.4).

3.631 Asklepiadeische Odenstrophe[1]

Antikes Schema:

– ⏓ – ⏑ ⏑ – | – ⏑ ⏑ – ⏑ ⏓
– ⏓ – ⏑ ⏑ – | – ⏑ ⏑ – ⏑ ⏓
– ⏓ – ⏑ ⏑ – ⏓
– ⏓ – ⏑ ⏑ – ⏑ ⏓

Deutsches Beispiel:

Schön ist, Mutter Natur, deiner Erfindung Pracht
Auf die Fluren verstreut, schöner ein froh Gesicht,
Das den großen Gedanken
Deiner Schöpfung noch einmal denkt.

(Klopstock: Der Zürchersee. Str. I.)

Beschreibung:

– ⏑ – ⏑ ⏑ – | – ⏑ ⏑ – ⏑ –
– ⏑ – ⏑ ⏑ – | – ⏑ ⏑ – ⏑ –
– ⏑ – ⏑ ⏑ – ⏑
– ⏑ – ⏑ ⏑ – ⏑ –

3.632 Alkäische Odenstrophe

Antikes Schema:

⏓ – ⏑ – ⏓ – ⏑ ⏑ – ⏑ ⏓
⏓ – ⏑ – ⏓ – ⏑ ⏑ – ⏑ ⏓
⏓ – ⏑ – ⏓ – ⏑ – ⏓
⏑ – ⏑ – ⏑ ⏑ – ⏑ – ⏓

Deutsches Beispiel:

Des Ganges Ufer hörten des Freudengotts
Triumph, als allerobernd vom Indus her
Der junge Bacchus kam, mit heilgem
Weine vom Schlafe die Völker wekend.

(Hölderlin: An unsre großen Dichter. Str. I.)

[1] Es handelt sich hier um die dritte asklepiadeische Odenstrophe nach der Zählung z. B. im *Lexikon der alten Welt*, um die zweite nach der Zählung z. B. in Paul/Glier: *Deutsche Metrik*.

Beschreibung:

⏑ – ⏑ – ⏑ – ⏑ ⏑ – ⏑ –

⏑ – ⏑ – ⏑ – ⏑ ⏑ – ⏑ –

⏑ – ⏑ – ⏑ – ⏑ – ⏑ –

– ⏑ ⏑ – ⏑ ⏑ – ⏑ – ⏑

3.633 Sapphische Odenstrophe

Antikes Schema:

– ⏑ – ⏓ – ⏑ ⏑ – ⏑ – ⏓

– ⏑ – ⏓ – ⏑ ⏑ – ⏑ – ⏓

– ⏑ – ⏓ – ⏑ ⏑ – ⏑ – ⏓

– ⏑ ⏑ – ⏑

Deutsches Beispiel:

Stets am Stoff klebt unsere Seele, Handlung
Ist der Welt allmächtiger Puls, und deßhalb
Flötet oftmals tauberem Ohr der hohe
    Lyrische Dichter.

(Platen: Loos des Lyrikers. Str. I.)

Beschreibung:

– ⏑ – ⏑ – ⏑ ⏑ – ⏑ – ⏑

– ⏑ – ⏑ – ⏑ ⏑ – ⏑ – ⏑

– ⏑ – ⏑ – ⏑ ⏑ – ⏑ – ⏑

– ⏑ ⏑ – ⏑

4 Silbenzählendes Verfahren

Vor und neben der Orientierung an antiken Vorbildern hat die deutsche Versliteratur Formen aus der Romania – vor allem der italienischen, französischen und spanischen Literatur – übernommen.

4.1 Hauptmerkmale romanischer Verse

Anders als in antiken Versen werden in Versen der romanischen, aus dem Lateinischen stammenden Sprachen die Silben nicht nach Länge und Kürze unterschieden; romanische Verse sind also nicht quantitierend. Ihre Hauptmerkmale sind

- die Zahl der Silben,
- ein oder zwei festgelegte Akzentstellen,
- klangliche Auszeichnung des Versendes (in den meisten Fällen).

4.11 Konstitutive Silbenzahl und festgelegte Akzentstelle(n)

Romanische Verse sind bestimmt durch die Silbenzahl. Sie besitzen eine festgelegte Akzentstelle am Versende; längere Verse können noch einen zweiten festen Akzent enthalten. Die übrigen Akzente sind nicht streng fixiert.

4.12 Klangliche Auszeichnung des Versendes

Romanische Verse enthalten meist (mit Unterschieden in den einzelnen Sprachen) Reime oder Assonanzen am Versende. Die Verwendung dieser Klangkorrespondenzen hängt vermutlich mit der nicht quantitierenden, nicht starr akzentuierenden und daher zum Teil relativ unfesten Versstruktur zusammen und soll durch Auszeichnung der Versgrenze zur Stabilisierung dieser Struktur beitragen.

4.2 Verfahren zur Beschreibung romanischer Verse: Silbenzählung

Zur Kennzeichnung romanischer Verse ist in den jeweiligen Sprachen die Angabe der Silbenzahl ausreichend, das metrische Verfahren ist silbenzählend.

Zur Angabe der Silbenzahl wird bei der Beschreibung gegebenenfalls die Angabe des Reims – in Buchstaben (2.311) – hinzugefügt.

4.21 Unterschiedliche Silbenzählung und Terminologie im Französischen und Italienischen

Im Französischen und Italienischen ist die Silbenzählung und Terminologie unterschiedlich:

- im Französischen wird bis zur letzten betonten Silbe gezählt (eine nachfolgende unbetonte zählt nicht);
- im Italienischen wird nach der letzten betonten noch eine unbetonte Silbe mitgezählt (auch wenn diese nicht vorhanden ist).

Dem französischen Zehnsilbler entspricht also der italienische Elfsilbler (Endecasillabo):

Frz. Zehnsilbler:

Rappelle-toi, quand l'Aurore craintive
1 2 3 4 5 6 7 8 9 10–

Ouvre au Soleil son palais enchanté;
1 2 3 4 5 6 7 8 9 10

(Musset: Rappelle-toi. vergiss mein nicht. V. 1–2.)

Ital. Endecasillabo:

Nel mezzo del cammin di nostra vita
1 2 3 4 5 6 7 8 9 10 11

(Dante: La Divina Commedia. Inferno. I. V. 1.)

4.22 Bezeichnungen für das Versende im Französischen

Das Versende wird im Französischen als „männlich" oder „weiblich" unterschieden, je nachdem, ob es aus einer betonten Silbe besteht oder aus einer betonten Silbe und einer noch folgenden Silbe mit unbetontem „e". Die Bezeichnung „weiblich" ist dadurch zu erklären, daß ein so bezeichnetes Versende oft von einem Substantiv oder Adjektiv in der femininen Form auf „-e" gebildet wird. (Vgl. „fils/fille", „grand/grande".)
Im Musset-Zitat (4.21) endet der erste Vers weiblich, der zweite männlich.

4.3 Hauptmerkmale der an romanischen Vorbildern orientierten deutschen Verse

An romanischen Vorbildern orientierte deutsche Verse sind im allgemeinen gekennzeichnet durch
- das Prinzip der Silbenzählung;
- das Prinzip der Alternation;
- den Reim (in den meisten Fällen).

4.31 Silbenzählung und Alternation

Bei der Nachbildung der silbenzählenden romanischen Verse hat man im Deutschen (mit seinem dominierenden Stärkeakzent) im allgemeinen alternierende, das heißt durch regelmäßigen Wechsel von betonter und unbetonter Silbe gekennzeichnete Verse gebildet. Modifikationen der Silbenzahl, die bei der Nachbildung gewisser romanischer Verse gelegentlich aufgetreten sind, hängen vor allem mit Schwierigkeiten bei der Reimgestaltung zusammen.

4.32 Reim

Bei der Orientierung an romanischen Formen sind Reime und Reimanordnungen übernommen worden, soweit es die klanglich sehr viel eingeschränkteren Möglichkeiten des Deutschen zuließen. Zum Teil wurden Reime und Reimanordnungen mit gewissen Modifikationen übernommen: zweisilbige Reime der romanischen Vorbilder wurden in einigen Fällen in einsilbige umgewandelt (vgl. 4.511); Reimanordnungen wurden manchmal durch Umstellungen oder andere Abwandlungen variiert.

Wenn hier die Übernahme des Reims bei der Nachbildung romanischer Verse, Strophen und Gedichte festgestellt wird, so soll diese Feststellung nicht bedeuten, daß der Reim als solcher aus der romanischen Literatur ins Deutsche übernommen wurde. Erstes Vorbild für die Verwendung des Reims war für die mittelalterliche deutsche wie für die romanische Literatur die christliche lateinische Dichtung.

4.4 Verfahren zur Beschreibung und schematischen Darstellung der an romanischen Vorbildern orientierten deutschen Verse

4.41 Beschreibung

Weil die als alternierend ins Deutsche übernommenen Verse aus verschiedenen romanischen Literaturen stammen, zum Teil gewissen Modifikationen unterlegen sind und durchgehend geregelte Stärkeakzente haben, genügt zu ihrer Beschreibung nicht die bloße Angabe der Silbenzahl. Die eindeutige Beschreibung verlangt:

- die Angabe der (realisierten) Silben;
- die Angabe, ob der alternierende Vers mit unbetonter oder betonter Silbe beginnt;

gegebenenfalls:

- die Angabe einer festen Zäsur;
- die Angabe des Endreims (oder der Assonanz).

Eine zusätzliche Angabe, die das Versende mit den auch im Deutschen üblichen Bezeichnungen „männlich" oder „weiblich" als ‚einsilbig betont' oder als ‚zweisilbig mit Akzent auf der vorletzten Silbe' charakterisiert, ist entbehrlich. Eine Angabe „Zehnsilbler mit unbetontem Beginn" kennzeichnet implizit das Versende als männlich, da bei gerader Silbenzahl die letzte Silbe wie die zweite (hier also betont) erscheint; eine Angabe „Elfsilbler mit unbetontem Beginn" kennzeichnet das Versende als weiblich, da bei ungerader Silbenzahl die letzte Silbe wie die erste (hier also unbetont) erscheint.
Wird allerdings bei bestimmten Versen statt einer derartigen Beschreibung der Name übernommen, z. B. „Alexandriner" (4.521), so präzisiert das Attribut „männlich" oder „weiblich" diese Angabe.

4.42 Metrisches Zeichensystem

Das metrische Zeichensystem verwendet folgende Elemente:

- ein x́ (mit Akzent) bezeichnet betonte Silben;
- ein x (ohne Akzent) bezeichnet unbetonte Silben;
- ein senkrechter Strich (|) bezeichnet Zäsuren.

Die Anordnung der Endreime wird in der beschriebenen Weise (2.311) angegeben.

Beispiel:

> Mein Freund- und Lieblichkeit der Fremde liebt und ehrt /
> Jn dem er mich erbuhlt / so ist sein Gelt verzehrt.

(Harsdörffer: Die Frantzösische Sprache.)

x x́ x x́ x x́ | x x́ x x́ x x́   a
x x́ x x́ x x́ | x x́ x x́ x x́   a

Aufgrund der Alternation genügt folgende formelhafte Abkürzung:

6 | 6   (xx́)   a

Bei dieser Formel bezeichnen die Ziffern die realisierten Silben (gegebenenfalls vor und nach der Zäsur); die eingeklammerten Zeichen für betonte und unbetonte Silben bezeichnen den Versbeginn.

4.5 Vers-, Strophen- und Gedichtformen aus der Romania in deutscher Nachbildung

Versformen werden im folgenden so weit wie möglich im Zusammenhang mit bestimmten Strophen- und Gedichtformen, in denen sie häufig verwendet werden, vorgestellt.

4.51 Endecasillabo und Stanze

Beispiel:

Der Morgen kam; es scheuchten seine Tritte
Den leisen Schlaf, der mich gelind umfing,
Daß ich, erwacht, aus meiner stillen Hütte
Den Berg hinauf mit frischer Seele ging;
Ich freute mich bei einem jeden Schritte
Der neuen Blume die voll Tropfen hing;
Der junge Tag erhob sich mit Entzücken,
Und alles war erquickt mich zu erquicken.

(Goethe: Zueignung. Str. I.)

Schema:

x x́ x x́ x x́ x x́ x x́ x	a	11 (xx́) a
x x́ x x́ x x́ x x́ x x́	b	10 (xx́) b
x x́ x x́ x x́ x x́ x x́ x	a	11 (xx́) a
x x́ x x́ x x́ x x́ x x́	b	10 (xx́) b
x x́ x x́ x x́ x x́ x x́ x	a	11 (xx́) a
x x́ x x́ x x́ x x́ x x́	b	10 (xx́) b
x x́ x x́ x x́ x x́ x x́ x	c	11 (xx́) c
x x́ x x́ x x́ x x́ x x́ x	c	11 (xx́) c

4.511 Endecasillabo – deutscher Elf-/Zehnsilbler

Die Verse dieses Gedichtes gehen auf den Endecasillabo (4.21) zurück. Während der italienische Endecasillabo aber in der Regel elf realisierte Silben hat, umfassen in der zitierten Strophe drei jeweils auf Normalverse folgende Verse nur zehn Silben. Diese Spielart hat sich in der deutschen Literatur deshalb eingebürgert, weil es im Deutschen nicht so viele Reimwörter mit unbetonter Silbe am Ende gibt wie in den romanischen Sprachen. Man kann diesen Zehnsilbler insofern als Endecasillabo bezeichnen, als die italienische Verszählung nach der letzten betonten Silbe eine folgende unbetonte auch dann mitrechnet, wenn sie nicht vorhanden ist. Zweckmäßigerweise könnte man einen solchen Vers im Deutschen als „männlichen Endecasillabo“ bezeichnen.

4.512 Stanze

Die Strophenform, die Stanze oder Ottaverime (= Achtreim), stammt ebenfalls aus dem Italienischen und ist dort die bevorzugte Form des Epos. Das Reimschema ist gekennzeichnet durch die Abfolge ababab mit abschließendem Paarreim cc.

4.52 Alexandriner und Sonett

Beispiel:

Thränen des Vaterlandes /
Anno 1636

WJr sind doch nunmehr gantz / ja mehr den gantz verheeret!
Der frechen Völcker Schaar / die rasende Posaun
Das vom Blutt fette Schwerdt / die donnernde Carthaun /
Hat aller Schweiß und Fleiß / und Vorrath auffgezehret.
Die Türme stehn in Glutt / die Kirch ist umgekehret.
Das Rathaus ligt im Grauß / die Starcken sind zerhaun /
Die Jungfern sind geschänd't / und wo wir hin nur schaun
Jst Feuer / Pest / und Tod / der Hertz und Geist durchfähret.
Hir durch die Schantz und Stadt / rinnt allzeit frisches Blutt.
Dreymal sind schon sechs Jahr / als unser Ströme Flutt /
Von Leichen fast verstopfft / sich langsam fort gedrungen
Doch schweig ich noch von dem / was ärger als der Tod /
Was grimmer denn die Pest / und Glutt und Hungersnoth
Das auch der Seelen Schatz / so vilen abgezwungen.

(Gryphius)

Schema:

x x́ x x́ x x́	x x́ x x́ x x́ x	a	6 | 7 (xx́) a
x x́ x x́ x x́	x x́ x x́ x x́	b	6 | 6 (xx́) b
x x́ x x́ x x́	x x́ x x́ x x́	b	6 | 6 (xx́) b
x x́ x x́ x x́	x x́ x x́ x x́ x	a	6 | 7 (xx́) a
x x́ x x́ x x́	x x́ x x́ x x́ x	a	6 | 7 (xx́) a
x x́ x x́ x x́	x x́ x x́ x x́	b	6 | 6 (xx́) b
x x́ x x́ x x́	x x́ x x́ x x́	b	6 | 6 (xx́) b
x x́ x x́ x x́	x x́ x x́ x x́ x	a	6 | 7 (xx́) a

x x́ x x́ x x́ | x x́ x x́ x x́	c	6 | 6 (xx́) c
x x́ x x́ x x́ | x x́ x x́ x x́	c	6 | 6 (xx́) c
x x́ x x́ x x́ | x x́ x x́ x x́ x	d	6 | 7 (xx́) d

x x́ x x́ x x́ | x x́ x x́ x x́	e	6 | 6 (xx́) e
x x́ x x́ x x́ | x x́ x x́ x x́	e	6 | 6 (xx́) e
x x́ x x́ x x́ | x x́ x x́ x x́ x	d	6 | 7 (xx́) d

4.521 Alexandriner

Der nach seiner Verwendung in der altfranzösischen Alexanderepik benannte Alexandriner, der Vers des französischen klassischen Dramas, ist im Französischen ein gereimter Zwölfsilbler mit männlichem oder weiblichem Versende; im Deutschen ist der Alexandriner entsprechend ein unbetont beginnender alternierender Zwölf- oder Dreizehn-Silbler. Charakteristisch für den Alexandriner ist die in der Regel nach der sechsten Silbe eintretende Zäsur, die diesem Reimvers seine „zweischenkligte Natur“ (Schiller) verleiht. Der Alexandriner ist der bevorzugte Vers der Barockdichtung.

4.522 Sonett

Die aus dem Italienischen stammende Gedichtform ist so aufgebaut, daß auf zwei Versgruppen zu je vier Zeilen (die Quartette) zwei Versgruppen zu je drei Zeilen (die Terzette) folgen.

Dieser Aufbau aus Quartetten und Terzetten ist beim zitierten Gryphius-Sonett insofern nicht beim ersten Blick zu erkennen, als hier auf den beim Sonett üblichen typographischen Abstand (Durchschuß) zwischen den vier Versgruppen verzichtet ist.

Das Reimschema des Sonetts ist vor allem in den Terzetten variabel. Im vorliegenden Beispiel haben die Quartette die im Italienischen bevorzugte Form des beiden Quartetten gemeinsamen umarmenden Reims (abba), die Terzette haben Schweifreim (ccd eed).

4.53 Madrigalverse

Beispiel:

Besonders lernt die Weiber führen;
Es ist ihr ewig Weh und Ach
So tausendfach
Aus Einem Puncte zu curiren,
Und wenn ihr halbweg ehrbar thut,
Dann habt ihr sie all' unter'm Hut.
Ein Titel muß sie erst vertraulich machen,
Daß eure Kunst viel Künste übersteigt;
Zum Willkomm' tappt ihr dann nach allen Siebensachen,
Um die ein andrer viele Jahre streicht,

Versteht das Pülslein wohl zu drücken,
Und fasset sie, mit feurig schlauen Blicken,
Wohl um die schlanke Hüfte frey,
Zu seh'n, wie fest geschnürt sie sey.

(Goethe: Faust. V. 2023–2036.)

Schema:

x x́ x x́ x x́ x x́ x	a	9 (xx́) a
x x́ x x́ x x́ x x́	b	8 (xx́) b
x x́ x x́	b	4 (xx́) b
x x́ x x́ x x́ x x́ x	a	9 (xx́) a
x x́ x x́ x x́ x x́	c	8 (xx́) c
x x́ x x́ x x́ x x́	c	8 (xx́) c
x x́ x x́ x x́ x x́ x x́ x	d	11 (xx́) d
x x́ x x́ x x́ x x́ x x́	e	10 (xx́) e
x x́ x x́ x x́ x x́ x x́ x x́ x	d	13 (xx́) d
x x́ x x́ x x́ x x́ x x́	e	10 (xx́) e
x x́ x x́ x x́ x x́ x	f	9 (xx́) f
x x́ x x́ x x́ x x́ x x́ x	f	11 (xx́) f
x x́ x x́ x x́ x x́	g	8 (xx́) g
x x́ x x́ x x́ x x́	g	8 (xx́) g

Die Besonderheit der aus dem Italienischen stammenden Madrigalverse ist ihre unterschiedliche Silbenzahl (im Beispiel zwischen vier und dreizehn Silben). Madrigale sind meist alternierend und können betont oder, wie in den sogenannten Faustversen, unbetont einsetzen. Meist sind sie gereimt.

4.54 Terzinen

Die aus dem Italienischen stammenden Terzinen sind dreizeilige Versgruppen aus Endecasillabi, die durch folgendes Reimschema miteinander verbunden sind:
aba bcb cdc usw.

Abgeschlossen werden Terzinen nach folgendem Schema:
xyx yzyz.

Beispiel (mit Reimschema):

Im ernsten Beinhaus war's wo ich beschaute — a
  Wie Schädel Schädeln angeordnet paßten; — b
  Die alte Zeit gedacht' ich, die ergraute. — a
Sie stehn in Reih' geklemmt die sonst sich haßten, — b
  Und derbe Knochen die sich tödtlich schlugen — c
  Sie liegen kreuzweis zahm allhier zu rasten. — b
Entrenkte Schulterblätter! was sie trugen — c
  Fragt niemand mehr, und zierlich thät'ge Glieder, — d
  Die Hand, der Fuß verstreut aus Lebensfugen. — c

[. . .]
Geheim Gefäß! Orakelsprüche spendend, j
Wie bin ich werth dich in der Hand zu halten, i
Dich höchsten Schatz aus Moder fromm entwendend j
Und in die freie Luft, zu freiem Sinnen, k
Zum Sonnenlicht andächtig hin mich wendend. j
Was kann der Mensch im Leben mehr gewinnen, k
Als daß sich Gott-Natur ihm offenbare? l
Wie sie das Feste läßt zu Geist verrinnen, k
Wie sie das Geisterzeugte fest bewahre. l

(Goethe: [Die Reliquien Schillers.] V. 1–9; 26–34.)

4.55 Kanzone

Die Kanzone ist eine Strophenform, die aus dem Provenzalischen und Altfranzösischen stammt. Ihr Hauptmerkmal ist die Unterteilung in
- Aufgesang, der wiederum unterteilt ist in zwei gleichgebaute sogenannte Stollen;
- Abgesang.

Weder Zahl noch Art der Verse sind festgelegt, so daß es sich bei dieser Strophe um ein Bauprinzip handelt, das viele Varianten zuläßt. Gewöhnlich gilt, daß beide Stollen zusammen länger sind als der Abgesang, der einzelne Stollen aber kürzer ist als der Abgesang.

Beispiel:

Aus tieffer not schrey ich zu dyr / Herr Gott erhor meyn ruffen /	1. Stollen	Aufgesang
Deyn gnedig oren ker zu myr / vnd meyner bitt sie offen /	2. Stollen	
Deñ so du willt das sehen an / was sund vnd vnrecht ist gethan / Wer kan Herr fur dyr bleyben?		Abgesang

(Luther: Aus tieffer not [. . .]. Str. I.)

4.56 Blankvers

In diesem Zusammenhang ist noch ein unbetont einsetzender alternierender Vers von zehn oder elf Silben zu nennen, der zwar nicht direkt aus der Romania stammt, aber doch als Variante des französischen vers commun (eines gereimten Zehnsilblers mit männlichem oder weiblichem Versende) aufzufassen und durch seine Reimlosigkeit ausgezeichnet ist: der vor allem seit der Mitte des 18. Jahrhunderts aus der englischen Literatur (Shakespeare) in die deutsche übernommene Blankvers. Er wurde zum bevorzugten deutschen Dramenvers.

Schema: x x́ x x́ x x́ x x́ x x́ (x) 10 (xx́) oder 11 (xx́)

Beispiel:

WALLENSTEIN

[. . .]
Der Alte hat dem Kaiser mich verraten.
Was sagst du? Dreißig Jahre haben wir
Zusammen ausgelebt und ausgehalten.
In e i n e m Feldbett haben wir geschlafen,
Aus e i n e m Glas getrunken, e i n e n Bissen
Geteilt, ich stützte mich auf ihn, wie ich
Auf d e i n e treue Schulter jetzt mich stütze,
Und in dem Augenblick, da liebevoll
Vertrauend meine Brust an seiner schlägt,
Ersieht er sich den Vorteil, sticht das Messer
Mir listig lauernd, langsam, in das Herz!

(Schiller: Wallensteins Tod. III, 10. V. 1693–1703.)

Die erste Silbe des Blankverses erfordert häufig ihrer inhaltlichen Bedeutung gemäß eine so starke Betonung, daß sie in Spannung gerät zu ihrer Stellung im metrischen Schema. Das führt zu einem Betonungsausgleich zwischen metrisch geforderter Senkung und benachbarter Hebung, den man „schwebende Betonung“ nennt:

OCTAVIO
Nun endlich! endlich! Das ist große Zeitung!
D e r Mann ist uns ein kostbares Gefäß,
Das wichtge Dinge einschließt – Fand man viel?

(Schiller: Die Piccolomini. V,2. V. 2571–2573.)

Das Rhythmusphänomen der schwebenden Betonung ist weder auf den Blankvers noch auf den Versanfang beschränkt, sondern kann auch in anderen Versformen und an anderen Stellen im Vers auftreten.

Verkürzungen oder – wie im folgenden Beispiel – Verlängerungen des normalen Blankverses (zehn oder elf Silben) sind nicht selten, besonders bei Verteilung einzelner Verse auf mehrere Personen:

GRÄFIN zu Terzky
Ist keine Hoffnung mehr? Ist alles denn 10
Verloren?

TERZKY
Alles. Prag ist in des Kaisers Hand, 12
Die Regimenter haben neu gehuldigt. 11

(Schiller: Wallensteins Tod. III,17. V. 2013–2015.)

5 Taktgliederndes Verfahren

Durch die Orientierung der deutschen Dichter und Dichtungstheoretiker an fremdsprachiger Dichtung ist jahrhundertelang eine deutsche Dichtungstradition verdrängt worden. Die Grundprinzipien dieser – im Zusammenhang mit der germanischen Überlieferung stehenden – Dichtung sind in altsächsischen und althochdeutschen, aber auch noch in mittelhochdeutschen Texten zu erkennen (z. B. Heliand, Otfrids Evangelienbuch, Nibelungenlied). Dichtung germanisch-deutscher Tradition hatte dann im Bereich der herrschenden Kultur, wie sie sich bis zum 17./18. Jahrhundert darstellt, ihre Bedeutung völlig verloren und führte ein subliterarisches Leben im Volk, bei Vaganten und Gauklern. Erst mit dem seit Herder erwachten Interesse an volkstümlichen Liedformen ist solche Dichtung wieder in den Horizont des allgemeinen Bewußtseins getreten.

5.1 Hauptmerkmale der germanisch-deutschen Verstradition

Hauptmerkmale der germanisch-deutschen Verstradition sind
- Füllungsfreiheit;
- (im Prinzip) gleicher (zeitlicher) Hebungsabstand.

5.11 Füllungsfreiheit

Als wesentlichstes Merkmal der Verse germanisch-deutscher Tradition gilt, daß zwischen den Hebungen die Zahl der unbetonten Silben variiert. Diese Erscheinung nennt man „Füllungsfreiheit".

5.12 Gleicher Hebungsabstand

Gleicher Hebungsabstand meint, daß zwischen Hebungen jeweils die gleiche Zeitspanne verfließt. Von Bedeutung ist gleicher Hebungsabstand bei Versen mit Füllungsfreiheit, weil er bei diesen Versen Folgen für die Silbendauer hat.

Man faßt Verse germanisch-deutscher Tradition so auf, als ob sie im Prinzip bestrebt seien, den Hebungsabstand einzuhalten; außerdem nimmt man an, daß der Hebungsabstand im allgemeinen $^2/_3$-Sekunden beträgt.

Erst beide Momente – Füllungsfreiheit und gleicher Hebungsabstand – *zusammen* machen die Eigenart von Versen germanisch-deutscher Tradition aus. Denn von gleichem Hebungsabstand läßt sich z. B. auch bei alternierenden deutschen Versen sprechen.

Diese – hypothetische – Gleichheit ist die einzige Regelmäßigkeit in Versen germanisch-deutscher Tradition. An diesem Punkt muß ihre Beschreibung ansetzen.

5.2 Taktprinzip

5.21 Vorbemerkung

Die als Füllungsfreiheit bezeichnete Variabilität der Versbildung ist weder mit dem fußmessenden noch dem silbenzählenden Verfahren zu beschreiben.

Der Verstheoretiker Andreas Heusler entwickelte im Rahmen seiner Beschäftigung mit Versen germanisch-deutscher Tradition Anfang des 20. Jahrhunderts ein metrisches System, von dem er schließlich glaubte, es sei für die Beschreibung *jedes* Verses deutscher Sprache geeignet. Dies hat sich als Irrtum erwiesen. Aber seinem System lassen sich Elemente entnehmen, die zur Beschreibung von Versen germanisch-deutscher Tradition geeignet sind.

Heuslers System wird im folgenden nur insoweit berücksichtigt, als es ein Instrumentarium für die Beschreibung des Verses germanisch-deutscher Tradition zur Verfügung stellt.

5.22 Verstakt

5.221 Relative Silbendauer

Bei Versen germanisch-deutscher Tradition hat gleicher Hebungsabstand zur Folge, daß die Sprechzeit der einzelnen Silben abhängig ist von der Silbenzahl: je mehr Silben eine Senkung füllen, desto schneller – d. h. desto kürzer – müssen Hebungs- und Senkungssilben gesprochen werden. Die Summe dieser Sprechzeiten bzw. -pausen muß mit dem Hebungsabstand identisch sein. Daher ist die Dauer der Silben relativ.

Abb. 7 stellt dies vereinfacht dar (in Wirklichkeit werden die Silbensprechzeiten variieren):

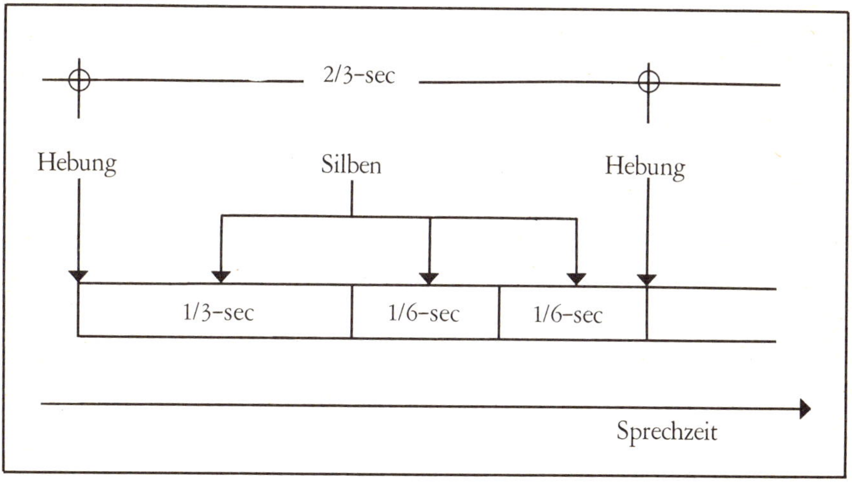

Abb. 7

5.222 Analogie von Vers und Musik

Der Kern von Heuslers Ansatz ist die Hypothese, daß in Verssprache eine Analogie zur Musik vorliegt und man Verse mit Füllungsfreiheit in Analogie zum musikalischen Notationsverfahren beschreiben kann:

- Die Gleichheit des Hebungsabstandes entspricht dem Taktprinzip, da in der Musik die starken Betonungen, also die Takteinsätze, einander so folgen, daß ihr Abstand im Prinzip gleich ist.
- Die Füllungsfreiheit, also die Möglichkeit einer unterschiedlichen Anzahl von unbetonten Silben zwischen zwei Hebungen, entspricht der Möglichkeit, mit einer unterschiedlichen Anzahl von Tönen einen Takt zu füllen, falls die Summe der Ton- bzw. Pausenzeiten mit der Taktzeit identisch ist.

Im Rahmen dieser Analogie kann man von ‚Verstakt' sprechen und die Notation von Musik auf die Beschreibung von Versen übertragen (vgl. 5.4).

5.23 Nomenklatur des taktgliedernden Verfahrens

5.231 Schematische Darstellung des Verhältnisses von Hebungs- und Senkungssilben

Die Nomenklatur des taktgliedernden Verfahrens soll am Beispiel von Versen aus Goethes „Faust" entwickelt werden.

> Hábe nun, ách! Phílosophíe,
> Jurísteréy und Médicín,
> Und léider áuch Théologíe!
> Durcháus studírt, mit héißem Bemúhn.
>
> (Goethe: Faust I. V. 354–357.)

Man könnte die vier Hebungen an einigen Stellen vielleicht auch anders setzen, z. B. bei „Dúrchaus". Aber dies ist hier ein sekundärer Aspekt.

Abb. 8 stellt das Verhältnis von Hebungs- und Senkungssilben schematisch dar und veranschaulicht, daß in den untersuchten Versen

- die Anzahl der unbetonten Silben in den Senkungen sich zwischen null und zwei bewegt, es sich also um Verse mit Füllungsfreiheit handelt;
- die Zeitdauer der einzelnen Silben länger oder kürzer sein muß, je nachdem, mit wieviel anderen Silben sie sich in einen Takt zu teilen haben (z. B. steht in der dritten Zeile den drei Silben „The-o-lo" nicht mehr Zeit zur Verfügung als den beiden Silben „lei-der", dementsprechend müssen jene kürzer gesprochen werden); d. h. daß für die Beschreibung solcher Verse die *relative* Zeitdauer von Bedeutung ist, die eine Silbe in Abhängigkeit von der Füllung des Versaktes, in dem sie steht, zur Verfügung hat.

Verhältnis von Hebungs- und Senkungssilben in den Versen 354–357 des „Faust“

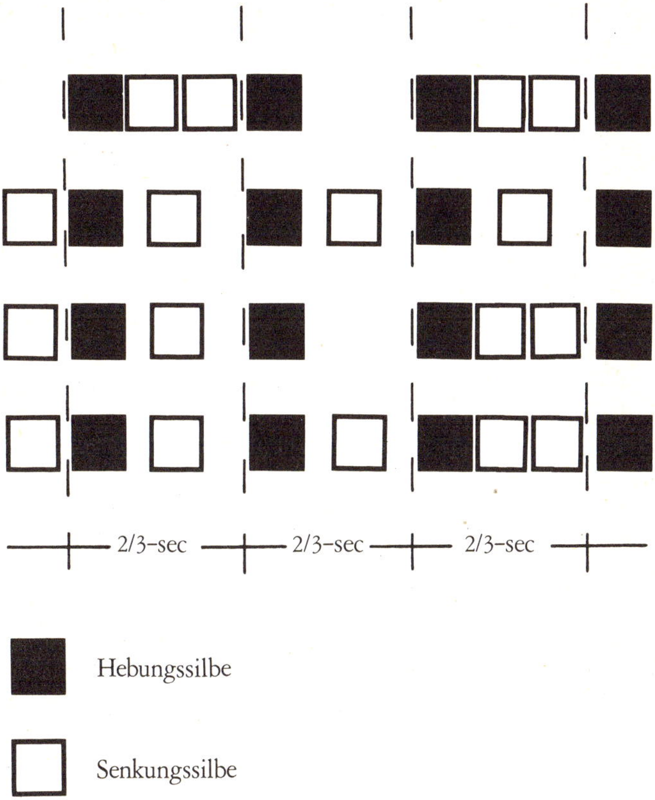

Abb. 8

5.232 Darstellung im Notationssystem der Musik

Stellt man den in 5.231 dargelegten metrischen Befund mit Notationszeichen der Musik dar, so ergibt sich die in Abb. 9 wiedergegebene Notation.

Der Notation ist $^2/_4$-Takt zugrunde gelegt. (Bei einer angenommenen Taktdauer von $^2/_3$-Sekunden hätte also das Viertel den Zeitwert $^1/_3$-Sekunde.) Nicht durch Notenwerte gefüllte Taktteile sind durch Pausenzeichen ergänzt; Silben vor der jeweils ersten Hebung der Verse sind als Auftakt wiedergegeben.

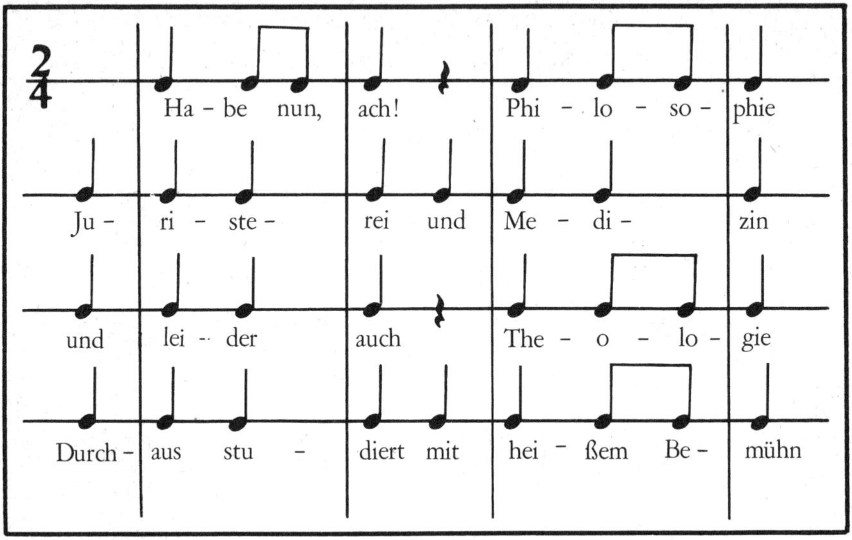

Abb. 9

5.233 Hinweise zur Übertragung musikalischer Notationszeichen auf die Beschreibung von Versen

Folgende Hinweise sind zu beachten:

- die den musikalischen Notationszeichen entsprechenden Zeitwertzeichen bezeichnen keine absoluten, sondern nur relative Größen;

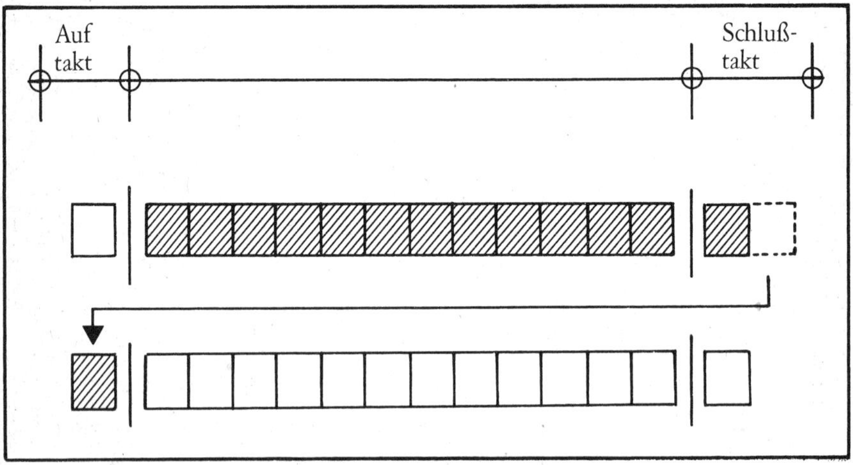

Abb. 10

- der Zeitwert eines Viertelzeichens entspricht dem Zeitwert zweier Achtelzeichen usw.;
- der Taktstrich steht immer vor der Silbe mit dem Hauptton;
- der Teil vor dem ersten Taktstrich – also vor der ersten Betonung – heißt Auftakt;
- der Schlußtakt wird durch keinen Taktstrich begrenzt;
- die Zeitdauer des Auftakts (Abb. 10) kann entweder unberücksichtigt bleiben oder dem Schlußtakt des vorangehenden Verses abgezogen werden.

5.234 Aufstellung der Heuslerschen Verszeichen

Heusler hat die drucktechnisch komplizierten Notenzeichen für die Zwecke der Metrik wie folgt vereinfacht (Abb. 11):

Gegenüberstellung von Musikzeichen und Zeitwertzeichen

Musik		Vers	
Zeitwert	Musikzeichen	Zeitwertzeichen	Zeitwert
4/4	(Ganze Note) 𝅝	└┘	4 Zeiteinheiten
3/4	(Dreiviertelnote) 𝅗𝅥.	└	3 Zeiteinheiten
2/4	(Halbe Note) 𝅗𝅥	—	2 Zeiteinheiten
1/4	(Viertelnote) 𝅘𝅥	×	1 Zeiteinheit
1/8	(Achtelnote) 𝅘𝅥𝅮	◡	1/2-Zeiteinheit
1/16	(Sechzehntelnote) 𝅘𝅥𝅯	◠	1/4-Zeiteinheit
1/4	(Viertelpause) 𝄽	∧	1 Zeiteinheit
	(Taktstrich) |	|	

Abb. 11

Hebungen werden mit Akzenten bezeichnet, und zwar folgendermaßen:
- Haupthebung: ´
- Nebenhebung: `

Bei der Anwendung der Zeitwertzeichen ist folgendes zu beachten:
- Anders als in der Musik legt man bei der Beschreibung von Versen vorwiegend das „Viertel“ als Zeiteinheit zugrunde.
- Das Zeichen „x“ sieht genauso aus wie das Grundzeichen des silbenzählenden Verfahrens (4.42), bedeutet jedoch etwas völlig anderes, da es dort jede Silbe unabhängig von deren Zeitwert, hier jedoch eine bestimmte Zeitquantität bedeutet.
- Die Zeichen „–“ (doppelte Zeiteinheit) und „◡“ (halbierte Zeiteinheit) sehen aus wie die Zeichen des fußmessenden Verfahrens, stehen dort aber im Zeitverhältnis 2 : 1 (vgl. 3.2 und 3.3), hier jedoch im Zeitverhältnis 4 : 1 zueinander und dürfen nicht verwechselt werden.

5.235 Einteilung des Verses in Versgegenden

Bei der Beschreibung eines Verses unterscheidet man drei ‚Versgegenden‘ (Abb. 12):

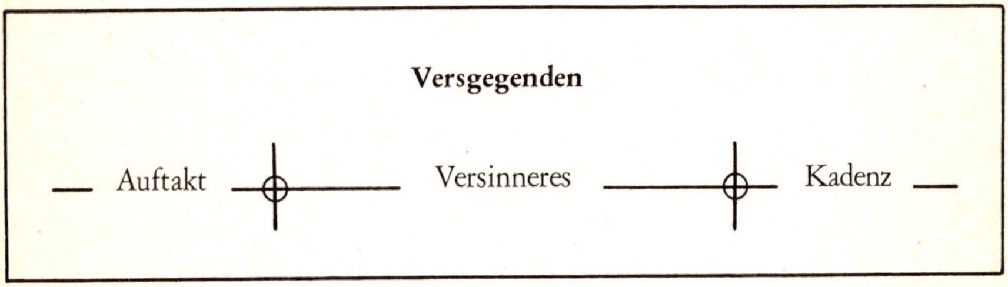

Abb. 12

- Auftakt (Bereich vor dem ersten Taktstrich),
- Versinneres,
- Kadenz (Bereich hinter dem letzten oder vorletzten Taktstrich).

5.236 Differenzierung der Kadenz

Man unterscheidet im Bereich der Kadenz:
- volle Kadenz;
- stumpfe Kadenz;
- klingende Kadenz.

Volle Kadenz liegt vor, wenn die letzte vom Metrum geforderte Hebung realisiert ist durch eine hebungsfordernde Silbe oder ein einsilbiges Wort. Man unterscheidet:
- *einsilbig volle Kadenz*, wenn der Schlußtakt nur mit einer, der betonten Silbe gefüllt ist;
  Notation: . . . | x́ x | x́ ∧;
  Beispiel: Da | steh' ich | nun, ich | armer | *Thor*!;

– *zweisilbig volle Kadenz*, wenn der letzten betonten Silbe noch eine unbetonte folgt;
Notation: . . . | x́ x | x́ x;
Beispiel: Zwar | bin ich ge|scheidter als | alle die | *Laffen.*

Stumpfe Kadenz liegt vor, wenn über das sprachliche Material hinaus metrisch ein weiterer, also pausierter Takt vorhanden ist;
Notation: . . . | x́ ^ | ^ ^.
Was hier gemeint ist, läßt sich an einem Liedbeispiel verdeutlichen (Abb. 13):

Abb. 13

Die dritte Liedzeile: „am Himmel hell und klar“ füllt drei Takte mit Sprachmaterial. Aber dessenungeachtet ist die vierte Liedzeile an die dritte nicht so unmittelbar angeschlossen wie die zweite und dritte an die jeweils vorangehende Liedzeile; der dritten Zeile ist vielmehr ein vierter, (bis auf den Auftakt der nächsten Zeile) pausierter Takt angehängt. Wenn man diese dritte Zeile so spricht wie man sie singt (also mit pausiertem Schlußtakt), dann interpretiert man diese sprachlich dreitaktige Zeile metrisch als viertaktig mit stumpfer Kadenz.

Klingende Kadenz liegt vor, wenn die letzte vom Metrum geforderte Hebung realisiert ist durch eine Silbe, die in Prosa nicht betont zu werden pflegt. Das hat in der Regel zur Folge, daß die vorhergehende betonte Silbe gedehnt wird;

es hat immer zur Folge, daß die letzte realisierte Silbe als Nebenhebung notiert wird;
Notation: . . . | ⏊ | x̀ ^.

Auch diese Erscheinung soll an dem Lied „Der Mond ist aufgegangen“ (Abb. 13) verdeutlicht werden. Die ersten beiden Liedzeilen enden an betonter Stelle (jeweils hinter dem letzten Taktstrich) mit den in Prosa unbetonten Nebensilben „-gen“. Die vorangehende Haupttonsilbe („-gan-“ bzw. „pran–“) ist gedehnt und füllt jeweils den ganzen vorletzten Takt aus. Wenn man diese Verse analog zu ihrer Vertonung spricht, dann ergibt sich die Konstellation, die man „klingende Kadenz“ nennt.

„Stumpfe“ und „klingende“ Kadenz sind nicht verbindlich bestimmbar. Ob ein Vers mit „stumpfer“ bzw. „klingender“ Kadenz endet, hängt weitgehend ab von der subjektiven Auffassung des jeweiligen Metrikers. Inwieweit überhaupt eine derartige Differenzierung sinnvoll ist, kann im vorliegenden Zusammenhang unberücksichtigt bleiben.

5.237 Ausführliche Form und Kurzform zur Beschreibung von Versen germanisch-deutscher Tradition

Aus der Beschreibung eines Verses müssen dessen Hauptmerkmale ersichtlich sein. Sie lassen sich unter Berücksichtigung folgender Hauptgesichtspunkte ermitteln:
- Auftakt,
- Taktzahl,
- Taktgeschlecht (Zweiviertelakt, Dreivierteltakt usw.),
- Kadenz,
- Reim.

Kurzformzeichen des taktgliedernden Beschreibungsverfahrens

Anwendungsbereich	Kurzformzeichen	Bedeutung der Kurzformzeichen
Auftakt	A (A)	Auftakt Auftakt teilweise vorhanden
Versinneres	arabische Ziffer ($\frac{n}{4}$)	Anzahl der Takte Taktgeschlecht
Kadenz	v 1v 2v st kl	volle Kadenz einsilbig volle Kadenz zweisilbig volle Kadenz stumpfe Kadenz klingende Kadenz
Reim	Kleinbuchstabe	Reim und Reimstellung

Abb. 14

In ausführlicher Form werden Verse germanisch-deutscher Tradition beschrieben mit Hilfe der unter Punkt 5.234 aufgestellten Verszeichen.
Daneben gibt es eine Kurzform zur Beschreibung solcher Verse. Sie berücksichtigt die Hauptgesichtspunkte und setzt sich aus den in Abb. 14 dargestellten Elementen zusammen.

Während die ausführliche Form die individuelle Verwirklichung eines metrischen Schemas durch den jeweiligen Vers aufzeichnet, hat die Kurzform die Funktion, dieses metrische Schema selbst – das einheitstiftende Prinzip innerhalb der individuellen Realisationsmöglichkeiten des Verses – zu beschreiben.

5.238 Beispiele für die ausführliche Form und die Kurzform der Beschreibung von Versen germanisch-deutscher Tradition

Verse mit einsilbig voller Kadenz

Wer reitet so spät durch Nacht und Wind,
Es ist der Vater mit seinem Kind.

(Goethe: Erlkönig. V. 1f.)

Ausführliche Beschreibung:

x | x́ ◡ ◡ | x́ x | x́ x | x́ a
x | x́ x | x́ ◡ ◡ | x́ x | x́ a

Hier ist der Zeitwert des Auftaktes dem Schlußtakt des vorangehenden Verses abgezogen worden (vgl. 5.233), weil man derartige Verse gewöhnlich so liest, daß Versende und Versanfang des folgenden Verses unmittelbar aneinanderschließen (Fugung; fugender Versbau).

Kurzform:

A 4 $(\frac{2}{4})$ IV a
A 4 $(\frac{2}{4})$ IV a

Verse mit zweisilbig voller Kadenz

Zwar bin ich gescheidter als alle die Laffen,
Doctoren, Magister, Schreiber und Pfaffen;

(Goethe: Faust I. V. 366f.)

Ausführliche Beschreibung:

x | x́ ◡ ◡ | x́ ◡ ◡ | x́ ◡ ◡ | x́ x a
x | x́ ◡ ◡ | x́ x | x́ ◡ ◡ | x́ x a

Hier ist der Zeitwert des Auftaktes dem vorhergehenden Schlußtakt nicht abgezogen worden (vgl. 5.233), aber man könnte auch diese Verse als gefugt auffassen:

x | x́ ◡ ◡ | x́ ◡ ◡ | x́ ◡ ◡ | ◡́ ◡   a
x | x́ ◡ ◡ | x́ x | x́ ◡ ◡ | ◡́ ◡   a

Die Schreibweise für die zweite Zeile setzt voraus, daß die folgende Zeile mit gleichem Auftakt beginnt.

Kurzform:

A 4 ($\frac{2}{4}$) 2v a
A 4 ($\frac{2}{4}$) 2v a

Verse mit klingender und stumpfer Kadenz

Der Mond ist aufgegangen,
Die goldnen Sternlein prangen,
Am Himmel hell und klar;

(Claudius: Abendlied. V. 1–3.)

Ausführliche Beschreibung:

x | x́ x | x́ x | –́ | x̀   a
x | x́ x | x́ x | –́ | x̀   a
x | x́ x | x́ x | x́ ^ | ^   b

Die Schlußsilben der ersten beiden Verse sind als Nebenhebungen gekennzeichnet.

Kurzform:

A 4 ($\frac{2}{4}$) kl a
A 4 ($\frac{2}{4}$) kl a
A 4 ($\frac{2}{4}$) st b

5.3 Anwendung des taktgliedernden Verfahrens auf Vers- und Strophenformen germanisch-deutscher Tradition

5.31 Knittelvers

Die Eingangsverse des ersten Faust-Monologs lauten:

Habe nun, ach! Philosophie,
Juristerey und Medicin,
Und leider auch Theologie!
Durchaus studirt, mit heißem Bemühn.
Da steh' ich nun, ich armer Thor!
Und bin so klug als wie zuvor;
Heiße Magister, heiße Doctor gar,

(Goethe: Faust I. V. 354–360.)

Die ausführliche Beschreibung ergibt folgendes Schema:

```
    | x́ ◡ ◡ | x́ ∧   | x́ ◡ ◡ | x́ ∧    a
x   | x́ x   | x́ x   | x́ x   | x́ ∧    b
x   | x́ x   | x́ ∧   | x́ ◡ ◡ | x́ ∧    a
x   | x́ x   | x́ x   | x́ ◡ ◡ | x́ ∧    b
x   | x́ x   | x́ x   | x́ x   | x́ ∧    c
x   | x́ x   | x́ x   | x́ x   | x́ ∧    c
◡◡◡ | x́ x   | ∧ ◡ ◡ | x́ x   | x́ ∧    d
```

Bei diesen Versen aus dem „Faust“ handelt es sich um den sogenannten „Knittelvers“.

Hauptmerkmale des Knittelverses	
Auftakt:	frei (schwankt zwischen 0 und mehreren Silben)
Taktzahl:	vier
Taktgeschlecht:	Zweivierteltakt
Kadenz:	voll
Reim:	immer vorhanden; Reimstellung variabel

Abb. 15

Überträgt man diese Hauptmerkmale des Knittelverses in die Kurzform, so ergibt sich folgende Formel:

(A) 4 ($\frac{2}{4}$) v a

Der Kleinbuchstabe a bedeutet in solchen Formeln, daß der Vers immer gereimt auftritt. Er bedeutet nicht, wie in der Kurzform zu konkreten Beispielen (s. o.), einen bestimmten Reim.

5.32 Volksliedstrophe

Viele Volksliedstrophen sind gebildet nach einem Vorbild aus der höfischen Literatur des Mittelalters, dem Nibelungenvers; zum Beispiel beginnt das „Nibelungenlied“ mit folgenden Versen:

Uns ist in alten mæren   wunders vil geseit
von heleden lobebæren,   von grôzer arebeit,

(Nibelungenlied. V. 1f.)

```
x | x́   x | x́ x | ⊥́ | x̀ ⋮ ∧ | x́ x | x́ x | x́ ∧ | ∧
x | ◡́ ◡ x | x́ x | ⊥́ | x̀ ⋮ x | x́ x | x́ x | x́ ∧ | ∧
```

Kennzeichnend ist für diesen Langvers, daß er aus zwei viertaktigen Teilen besteht, wobei der erste mit klingender, der zweite mit stumpfer Kadenz endet. Die Annahme, daß der zweite Teil als viertaktig aufzufassen ist, wird dadurch unterstützt, daß in der aus vier Langversen gebauten Nibelungenstrophe die zweite Hälfte des vierten Langverses viertaktig voll ist. Die eben begonnene Strophe endet wie folgt:

von fröuden, hôchgezîten,   von weinen und von klagen,
von küener recken strîten   muget ír nu wunder hœren sagen.

(Nibelungenlied. V. 3f.)

x | x́ x | x́ x | –́ | x̀ ⋮ x | x́ x | x́ x | ⏑́ ⏑ ∧ | ∧
x | x́ x | x́ x | –́ | x̀ ⋮ ⏑ ⏑ | x́ x | x́ x | x́ x | ⏑́ ⏑ ∧

Ein Beispiel für das Weiterleben des Nibelungenverses ist das alte Volkslied:

Es waren zwei Königskinder,
Die hatten einander so lieb,
Sie konnten beisammen nicht kommen,
Das Wasser war viel zu tief.

Seit Ende des 18. Jahrhunderts wurde diese Liedform auch in die Kunstdichtung aufgenommen; z. B. steht im „Urfaust“ folgende Liedstrophe:

Es war ein König in Tule,
Einen goldnen Bächer er hett
Empfangen von seiner Bule
Auf ihrem Todtesbett.

(Goethe: Urfaust. V. 612–615.)

Bei den analog zum Nibelungenvers gebauten Volksliedstrophen schreibt man gewöhnlich die Halbverse des Nibelungenverses nicht neben-, sondern untereinander, so daß aus zwei Nibelungenversen eine vierzeilige Strophe wird.

Wenn man diese Strophen metrisch als viertaktig mit abwechselnd klingender und stumpfer Kadenz auffaßt, so ergibt die Strophenbeschreibung von „Es war ein König in Tule“:

x	x́ x	x́ ⏑ ⏑	–́	x̀	A 4 ($\frac{2}{4}$) kl a
⏑ ⏑	x́ x	x́ ⏑ ⏑	x́ ∧	∧	A 4 ($\frac{2}{4}$) st b
x	x́ ⏑ ⏑	x́ x	–́	x̀	A 4 ($\frac{2}{4}$) kl a
x	x́ x	x́ x	x́ ∧	∧	A 4 ($\frac{2}{4}$) st b

Im allgemeinen ist die Volksliedstrophe definiert als Gebilde, das aus vier Versen (meist mit Kreuzreim) mit jeweils vier (frei füllbaren) Takten besteht. Es ist vom äußeren Befund her jedoch nicht unmöglich, z. B. die Strophe „Es war ein König in Tule“ folgendermaßen metrisch zu beschreiben:

A 3 $(\frac{2}{4})$ 2v a
A 3 $(\frac{2}{4})$ 1v b
A 3 $(\frac{2}{4})$ 2v a
A 3 $(\frac{2}{4})$ 1v b

Der naheliegende Traditionszusammenhang mit dem Nibelungenvers macht jedoch diese Auffassung sehr unwahrscheinlich.

5.33 Chevy-Chase-Strophe

Diese – nach einer englischen Volksballade benannte – Strophe kommt auch in der deutschen Lyrik öfter vor.

Beispiel:

Ich hab' es getragen sieben Jahr,
Und kann es nicht tragen mehr!
Wo immer die Welt am schönsten war,
Da war sie öd und leer.

(Fontane: Archibald Douglas. Str. I.)

In der Regel faßt man die Strophe folgendermaßen auf:

x | x́ ⌣ ⌣ | x́ x | x́ x | x́   A 4 $(\frac{2}{4})$ 1v a
x | x́ ⌣ ⌣ | x́ x | x́ ∧ | ∧   A 4 $(\frac{2}{4})$ st b
x | x́ ⌣ ⌣ | x́ x | x́ x | x́   A 4 $(\frac{2}{4})$ 1v a
x | x́ x | x́ x | x́ ∧ | ∧   A 4 $(\frac{2}{4})$ st b

Die Chevy-Chase-Strophe ist demnach eine Form der Volksliedstrophe und durch den Wechsel von einsilbig voller und stumpfer Kadenz charakterisiert.

5.34 Bestimmung einer Strophenform

Hier soll gezeigt werden, wie man bei der Bestimmung einer Strophenform aus Versen mit Füllungsfreiheit vorgehen kann.

Beispiel:

Ich weiß eine friedliche Stelle
Im schweigenden Ozean,
Kristallhell schäumet die Welle
Am Felsengestade hinan.
Im Hafen erblickst du kein Segel,
Keines Menschen Fußtritt am Strand;
Viel tausend reinliche Vögel
Hüten das einsame Land.

(Scheffel: Guano. Str. I)

5.341 Bestimmung der Hauptmerkmale des ersten Verses

Bei der Bestimmung der Hauptmerkmale eines Verses (vgl. 5.237) versucht man zuerst, die Hebungen des Verses festzustellen, indem man die Silben bezeichnet, die auch in Prosa eine Hebung fordern:

Ich wéiß eine fríedliche Stélle

Denkt man sich vor die Hebungen Taktstriche, so zeigt sich, daß der Vers mit Auftakt beginnt; außerdem weiß man, daß er reimt. Die vorläufige Kurzform (5.237) des Verses heißt demnach: A ? (?) ? a.

Der nächste Schritt gilt der Bestimmung der Taktzahl. Die Silben füllen drei Takte aus, aber „Stelle“ (Stél-lè) und entsprechend „Welle“ (Wél-lè), „Segel“ (Sé-gèl) und „Vőgel“ (Vő-gèl) ermöglichen klingende Kadenz (5.236). Wir fassen den Vers als Vers mit klingender Kadenz auf. Dadurch wird das bisherige Versende um eine Hebung erweitert, und der Vers ist viertaktig. Jetzt heißt die vorläufige Formel: A 4 (?) kl a.

Bestimmt werden muß noch das Taktgeschlecht. Zählt man die Silben zwischen den drei ersten Hebungen, so zeigt sich, daß jeweils zwei Silben vorhanden sind. Man kann diese Silben als Achtel oder Viertel auffassen. Im ersten Fall hat man es mit Zweivierteltakt zu tun:

x | x́ ◡ ◡ | x́ ◡ ◡ | ⊥́ | x̀

Im zweiten Fall liegt Dreivierteltakt zugrunde:

x | x́ x x | x́ x x | ⌊⊥́⌋ | x̀ ^

Eine Entscheidung läßt sich nur vom Text her treffen, wie er – im ganzen – am angemessensten gesprochen erscheint; und dies hängt von subjektiver Interpretation ab. Bei einer Entscheidung für Dreivierteltakt heißt die metrische Formel des ersten Verses:

A 4 ($\frac{3}{4}$) kl a.

5.342 Bestimmung der Hauptmerkmale der übrigen Verse und der Strophe

Entsprechend verfährt man beim zweiten Vers. Seine Beschreibung hängt davon ab, wie man seine Kadenz auffaßt. Entweder als einsilbig voll:

x | x́ x x | ⊥́ x | ⊥́ A 3 ($\frac{3}{4}$) 1v b;

oder als stumpf:

x | x́ x x | ⊥́ x | ⊥́ ^ | ^ ^ A 4 ($\frac{3}{4}$) st b.

Entscheidet man sich – entsprechend der Entscheidung für klingende Kadenz (in 5.341) – für stumpfe Kadenz und bestimmt die übrigen Verse auf dieselbe Weise, dann ergibt sich als metrisches Schema der Strophe:

x	x́ x x	x́ x x	└⊥́	x̀ ∧	A 4 $(\frac{3}{4})$ kl a
x	x́ x x	⊥́ x	⊥́ ∧	∧ ∧	A 4 $(\frac{3}{4})$ st b
x	⊥́ x	x́ x x	└⊥́	x̀ ∧	A 4 $(\frac{3}{4})$ kl a
x	x́ x x	x́ x x	⊥́ ∧	∧ ∧	A 4 $(\frac{3}{4})$ st b
x	x́ x x	x́ x x	└⊥́	x̀ ∧	A 4 $(\frac{3}{4})$ kl c
◡ ◡	⊥́ x	x́ x x	⊥́ ∧	∧ ∧	A 4 $(\frac{3}{4})$ st d
x	⊥́ x	x́ x x	└⊥́	x ∧ ∧	A 4 $(\frac{3}{4})$ kl c
	x́ x x	x́ x x	⊥́ ∧	∧ ∧ ∧	4 $(\frac{3}{4})$ st d

Bei der Betrachtung dieses Schemas fällt der regelmäßige Wechsel von klingender und stumpfer Kadenz bei durchgehender Viertaktigkeit auf. Da dies Merkmale des Nibelungenverses sind (5.32), liegt es nahe, auch die vorliegende Strophe auf ihre Nähe zu dieser einflußreichen Tradition hin zu überprüfen.

Die Differenz zwischen unserer bisherigen Auffassung der Verse und dem Nibelungenvers betrifft vor allem das Taktgeschlecht. Da aber auch Zweivierteltaktigkeit der gesprochenen Realisation keine Schwierigkeiten entgegensetzt und sich der – nur in der ersten Strophe – fehlende Auftakt der letzten Zeile zwanglos in das durch Füllungsfreiheit bestimmte Schema des Nibelungenverses integriert, ist anzunehmen, daß die untersuchte Strophe aus Versen in der Tradition des Nibelungenverses besteht.

Gestützt wird diese Annahme dadurch, daß die Strophe aus acht (Kurz-)Versen gebaut ist, denn dieser Strophenbau entspricht der aus vier Langversen gebauten Nibelungenstrophe, wobei die Langverse der Nibelungenstrophe in je zwei Kurzverse zerlegt sind.

Die metrische Beschreibung der untersuchten Strophe ist demnach wie folgt zu korrigieren:

A 4 $(\frac{2}{4})$ kl a
A 4 $(\frac{2}{4})$ st b
A 4 $(\frac{2}{4})$ kl a
A 4 $(\frac{2}{4})$ st b
A 4 $(\frac{2}{4})$ kl c
A 4 $(\frac{2}{4})$ st d
A 4 $(\frac{2}{4})$ kl c
(A)4 $(\frac{2}{4})$ st d

5.4 Abschließende Bemerkungen zum taktgliedernden Verfahren

Verse sind nicht gleichzusetzen mit Musik; insofern ist es problematisch, das Notationssystem der Musik auf die Beschreibung von Versen anzuwenden. Andererseits kann nicht bestritten werden, daß bei Versen mit – auch nur annähernd – gleichem Hebungsabstand und freier Füllung von Auftakt und Versinnerem eine metrische Struktur vorliegt, die der von Musik analog ist. Sofern man sich bewußt bleibt, daß in der Metrik das taktgliedernde Verfahren nicht mehr als eine Analogie zur musikalischen Notation darstellt, ist es brauchbar, weil es ermöglicht, Verse mit Füllungsfreiheit so zu beschreiben, daß eine den Versen und Strophen zugrunde liegende Ordnung überhaupt erst erkennbar wird.

Unmittelbar ist diese Brauchbarkeit ersichtlich, wo man sangbare Verse beschreiben will. Bei dem Lied „Der Mond ist aufgegangen" z. B. bewirkt die (später hinzugekommene) Melodie, daß man die Verse mit stumpfer und klingender Kadenz liest. Aber auch ein Vers wie der frei füllbare Knittelvers mit seiner durch die Füllungsfreiheit bedingten Variabilität des Auftaktes und des Versinnern ist mit anderen Verfahren nicht angemessen zu beschreiben, da diesen ein dafür geeignetes Instrumentarium fehlt.
Heusler und Benutzer seines Systems sind bei der Betrachtung von Versen germanisch-deutscher Tradition nicht immer der Gefahr entgangen, den deutschen Vers als Ausdruck ‚deutschen Wesens' zu betrachten. Eine Metrik, die unter solchen Vorzeichen betrieben wird, sagt mehr aus über die Ideologie des jeweiligen Metrikers als über den beschriebenen Gegenstand.

6 Anwendbarkeit und Grenzen der vorgestellten Beschreibungsverfahren

In den vorangegangenen Kapiteln wurden drei Verfahren zur Beschreibung von Versen vorgestellt; zugleich wurde auf ihren jeweiligen Zusammenhang mit historisch und sprachgeographisch verschiedenen Verstraditionen hingewiesen. Dies wird zunächst in einer Übersicht gezeigt. Daran anschließend soll auf Grenzen einzelner Verfahren hingewiesen werden.

6.1 Zusammenhang von Produktionsprinzip und Beschreibungsverfahren neuhochdeutscher Verse

Wie die Orientierung an Verstraditionen das zugehörige Beschreibungsverfahren bestimmt, veranschaulicht Abb. 16.

Produktionsprinzipien neuhochdeutscher Verse und zugehörige Beschreibungsverfahren		
Produktionsprinzip neuhochdeutscher Verse	Basis von Produktion und Beschreibung	Beschreibungs-verfahren
Orientierung am geregelten Fußprinzip der Antike	Betonung der Silben, zum Teil kombiniert mit Natur- und Positionslänge der Silben	Fußmessendes Verfahren
Orientierung am silbenzählenden Prinzip der Romania, das als alternierend übernommen wird	Alternierende Folge von betonten und unbetonten Silben	Silbenzählendes Verfahren
Orientierung am Prinzip der Füllungsfreiheit germanisch-deutscher Verse	Im Prinzip gleicher Hebungsabstand bei variabler Länge der Silben (Füllungsfreiheit)	Taktgliederndes Verfahren

Abb. 16

Beschreibungsverfahren sind primär sinnvoll für jeweils den Vers, von dem sie abgeleitet wurden bzw. mit dessen Produktionsprinzip sie eine gemeinsame Basis haben.

6.2 Unbrauchbarkeit des fußmessenden Verfahrens bei der Beschreibung von Versen mit Füllungsfreiheit

Die Unbrauchbarkeit des fußmessenden Verfahrens bei der Beschreibung von Versen mit Füllungsfreiheit soll an folgendem Beispiel demonstriert werden:

> [. . .]
> Beide wollten wir die Freiheit erreichen
> doch für dich gings zur Freiheit über einen Berg von Leichen
> Von Eintracht sprachen wir wie aus einem Munde
> doch wie du dir die Eintracht dachtest davon gabst du uns Kunde
> [. . .]

(Weiss: Die Verfolgung und Ermordung Jean Paul Marats [. . .]. Fassung. E. II, 33.)

Versucht man, diese Verse mit dem fußmessenden Verfahren zu beschreiben, ergibt sich als ein mögliches metrisches Schema:

– ⏑ – ⏑ – ⏑ – ⏑ ⏑ – ⏑

– ⏑ – ⏑⏑ – ⏑ – ⏑ – ⏑ – ⏑ – ⏑

⏑ – ⏑ – ⏑ – ⏑ ⏑ – ⏑ – ⏑

⏑ – ⏑ – ⏑ – ⏑ – ⏑ – ⏑ – ⏑⏑ – ⏑

Es wäre zwar möglich, die einzelnen Striche und Haken zu Versfüßen zu gruppieren, aber es ergäbe sich für jeden Vers eine andere Kombination. Kombinationen langer und kurzer Silben zu einem Vers sind in antiken Vorbildern möglich bei Strophenformen, nicht aber – wie hier – bei stichischen Dramenversen (3.431). Folglich würde eine derartige Beschreibung nicht nur keinen Erkenntnis- und Verständniszuwachs bewirken, sondern die Verse, denen – als Knittelversen – das Prinzip der Füllungsfreiheit zugrunde liegt, verfälschen. Aus diesen Gründen ist das fußmessende Verfahren hier nicht anwendbar. Das taktgliedernde Verfahren dagegen kann die Verse adäquat beschreiben:

	⏑́ ⏑ ⏑ ⏑	x́ x	x́ ⏑ ⏑	x́ x	4 ($\frac{2}{4}$) 2v a
⏑ ⏑	x́ ⏑ ⏑	⏑́ ⏑ ⌢ ⌢ ⌢ ⌢	x́ x	x́ x	A 4 ($\frac{2}{4}$) 2v a
x	x́ x	⏑́ ⏑ ⏑ ⌢ ⌢	x́ x	x́ x	A 4 ($\frac{2}{4}$) 2v b
⏑ ⏑	⏑́ ⌢ ⌢ ⏑ ⏑	⏑́ ⏑ ⏑ ⏑	x́ ⏑ ⏑	x́ x	A 4 ($\frac{2}{4}$) 2v b

Die in den Zeilen 2 und 4 des Schemas vorgenommene Verteilung der Zeiteinheiten ist nur ein Beispiel und nicht verbindlich.

6.3 Unbrauchbarkeit des silbenzählenden Verfahrens bei der Beschreibung von Versen mit Füllungsfreiheit oder von Versen, die an antiken Vorbildern orientiert sind

Das silbenzählende Verfahren setzt im Deutschen die regelmäßige Folge von jeweils einer Hebung und Senkung usw. (oder umgekehrt) im Vers voraus. Das

Verfahren muß – als Beschreibungsverfahren – versagen, sobald im Vers der Zeitwert der Silben eine Rolle spielt. Das gilt zum Beispiel,

- wenn in Versen germanisch-deutscher Tradition mit Füllungsfreiheit keine, zwei oder mehr Senkungen zwischen den Hebungen vorkommen;
- wenn in Versen, die sich an antiken Vorbildern orientierten, viermorige Silbengruppen (etwa Daktylen: – ◡ ◡) vorkommen.

6.4 Unbrauchbarkeit des taktgliedernden Verfahrens bei der Beschreibung von Versen, die am Prinzip der Alternation oder an antiken Vorbildern orientiert sind

Bei Versen, die bewußt nach dem Prinzip der Alternation gebaut sind, bei denen also der Zeitwert der Silben metrisch bedeutungslos ist, bringt die Aufgliederung in Takte keinen Erkenntniszuwachs. Darüber hinaus ergeben sich auch Grenzen anderer Art, wie sich an folgendem Beispiel zeigen läßt:

Die Hirtinn ließ sich von der Heerde führen.
Sie wünschte sich nur stets, und was?
Den Hirten Lycidas.
Was aber wollte sie mit diesem Schäfer machen?
Dies waren damals ihr,
Wie mir
Vor ziemlich langer Zeit, noch unbekannte Sachen.

(Rost: Die bezauberte Phyllis. V. 80–86.)

Nach Heusler könnte man diese Verse als Zweivierteltakter mit durchgehendem Auftakt und durchgehend voller Kadenz bezeichnen. Die zweifelhafte Brauchbarkeit dieser Bezeichnung wird besonders deutlich in der vorletzten Zeile, wo an *zwei Silben* Auftakt, Versinneres und Kadenz nachgewiesen werden müßten.

Abgesehen von den konkreten Schwierigkeiten, die sich ergeben, wenn man versucht, deutsche Verse, die an antiker Verssprache orientiert sind, mit dem taktgliedernden Verfahren zu beschreiben, ist gegen ein solches Vorgehen folgendes einzuwenden:

Zur Aufgabe von Versbeschreibung gehört es, den historisch-kulturellen Rahmen, auf den ein Autor durch die Wahl des Versschemas Bezug nimmt, bewußt zu machen. Dies wird besonders deutlich bei solchen Dichtern, die ihren Gedichten das metrische Schema voranstellen. So gibt der Autor des folgenden Beispiels durch die Form des metrischen Schemas zu erkennen, daß er sich bei der Erfindung seiner Strophenform an der Tradition der antiken Ode orientiert hat:

XVII. (25.) **An August Kopisch.**

– – ∪ –, – – ∪ ∪ –
∪ ∪ – ∪ –, – – ∪ ∪ –
– ∪ –, – ∪ ∪ –, – ∪ –
– ∪ ∪ –, – ∪ ∪ –

Roms Mauern, Roms Prachtgärten, wo stets
Die Zypresse ragt, schwermütig und stolz,
Wiederum schließen sie mich friedlich ein,
Rollen der Welt Sage mir auf.

(Platen: An August Kopisch. Str. I.)

Wenn ein Autor – offen oder verdeckt – zu erkennen gibt, welchem Prinzip er in seinen Versen folgt, darf das die metrische Analyse nicht unterschlagen.

6.5 Abschließende Bemerkungen

Es ist die wichtigste Intention dieser Einführung, zu verdeutlichen,
- daß es falsch ist, *ein* Verfahren zu verabsolutieren;
- daß es notwendig ist, den Beschreibungsmodus abhängig zu machen von dem historisch-kulturellen Hintergrund, auf den der jeweilige Autor durch die Wahl seiner Versformen Bezug nimmt.

Jedes andere Vorgehen bei der metrischen Analyse steht in der Gefahr, Verse unangemessen zu beschreiben, gewaltsam zu interpretieren und damit ideologieanfällig zu werden.

Bei der metrischen Analyse darf also nicht mechanisch vorgegangen werden, vielmehr muß die metrische Analyse begleitet sein von der Reflexion über das jeweils angemessene Beschreibungsverfahren. Daraus folgt, daß Skepsis angebracht ist gegenüber metrischen Analysen, welche auf die hier geforderte Reflexion völlig verzichten.

Wer sich mit – selbst neuester – Literatur über Verse beschäftigt, stellt fest, daß eine derartige Reflexion in der Regel nicht stattfindet. Jedes der vorgestellten Beschreibungsverfahren trat irgendwann mit dem Anspruch auf, als allgemeines Beschreibungsprinzip praktikabel zu sein. Aber kein Verfahren konnte dies in der Praxis einlösen. Statt daß man daraus die Konsequenz zog, ein Beschreibungsverfahren nur dort anzuwenden, wo es dem zu beschreibenden Vers adäquat ist, führte das Fehlen eines einheitlichen, als allgemein verbindlich anerkannten Verfahrens dazu, daß man einzelne, jeweils brauchbar erscheinende Bestandteile aus den vorhandenen Verfahren auswählt und willkürlich miteinander kombiniert. Man redet dann z. B. von Trochäen mit Auftakt, von Pentameter mit stumpfer Kadenz; auch stumpf und klingend werden noch immer statt männlich und weiblich verwendet.

Als Reaktion auf derartige Ungenauigkeiten versucht man gegenwärtig von neuem ein einheitliches Beschreibungsverfahren für deutsche Verse zu entwickeln und dabei die Widersprüche früherer Versuche zu vermeiden. Man will Vorentscheidungen und Deutungen – wie z. B. Messungen nach Füßen oder Takten und damit auch die Möglichkeit stumpfer und klingender Kadenzen – ausschalten und legt der Beschreibung deutscher Verse nur das als neutral angesehene „Hebigkeitsprinzip“ zugrunde. Bei der Beschreibung von Versen soll demzufolge nur gefragt werden nach

- der Zahl der Hebungen des Verses;
- der Verteilung der Senkungen im Versinnern;
- den Betonungsverhältnissen am Versanfang und -ende;
- dem Vorhandensein einer festen Zäsur;
- dem Vorhandensein eines Reims.

Ein solch ahistorisches, nur scheinbar objektives Verfahren ist nicht geeignet, die Probleme und Intentionen, die mit der Orientierung an Verstraditionen verbunden sind, zu begreifen und zu verdeutlichen.

7 Anhang: Unmetrische Verse und Versgruppierungen

Die unter den Punkten 3 bis 5 entwickelten Beschreibungsverfahren sind dort anwendbar, wo Versen ein metrisch faßbares, also regelmäßiges Gerüst zugrunde liegt. Daneben gibt es eine Fülle von Texten, die sich metrisch nicht beschreiben lassen, aber dennoch nicht als Prosa bezeichnet werden können. Ziel der folgenden Ausführungen ist es, auf einige derartige Formen hinzuweisen und einige Begriffe vorzustellen, die die Verständigung über solche ‚Verse' erleichtern können.

7.1 Das visuelle Moment unmetrischer Verse und Versgruppierungen

Insofern Texte vorwiegend optisch rezipiert werden, kommt der typographischen Anordnung solcher Texte eine Bedeutung zu, die nicht ohne Einfluß auf die Art ihrer Rezeption bleibt. Wenn zum Beispiel ein Text typographisch in Form von Versen erscheint, so werden ihm, auch wenn die Form der Verse metrisch nicht fixierbar ist, gewohnheitsgemäß und in Analogie zu metrischen Versen deren Eigenschaften (z. B. die potentielle Freiheit von den Regeln der Syntax) zugestanden. Dies ist darauf zurückzuführen, daß die Versform für den Text die Zugehörigkeit zum Bereich des Ästhetischen signalisiert.

7.2 Freie Rhythmen

Seit Klopstock gibt es in der deutschen Lyrik die sogenannten „freien Rhythmen". Als Beispiel dienen folgende Verse:

Nicht in den Ocean
Der Welten alle
Will ich mich stürzen!
Nicht schweben, wo die ersten Erschafnen,
Wo die Jubelchöre der Söhne des Lichts
Anbeten, tief anbeten,
Und in Entzückung vergehn!

Nur um den Tropfen am Eimer,
Um die Erde nur, will ich schweben,
Und anbeten!

Halleluja! Halleluja!
Auch der Tropfen am Eimer
Rann aus der Hand des Allmächtigen!

Da aus der Hand des Allmächtigen
die grössern Erden quollen,
Da die Ströme des Lichts
Rauschten, und Orionen wurden;
Da rann der Tropfen
Aus der Hand des Allmächtigen!

(Klopstock: Ode über die ernsthaften Vergnügungen des Landlebens. V. 1–19.)

Die freien Rhythmen stehen in Opposition zur Regelmäßigkeit herkömmlicher Lyrik. Dementsprechend sind sie durch Negation der Merkmale gebundener Sprache zu definieren. Sie sind

- ohne regelmäßige Ordnung von Hebung und Senkung;
- ohne regelmäßige Hebungszahl in einzelnen Versen;
- ohne feste Strophenform (und ohne Reim).

Andererseits stehen sie durch ihre versartige Gliederung auch in Opposition zur Prosa. Die Aufgliederung in versartige Sprecheinheiten bewirkt eine Untergliederung der Sätze in Sinneinheiten, die von der syntaktischen Gliederung abweichen kann. Oft werden solche nur von der Versform bewirkten Sinneinheiten durch grammatikunabhängige Großschreibung am Versanfang markiert; sie bestehen manchmal nur aus einem Wort. Dem Enjambement (2.42) kommt in solchen Texten besondere Bedeutung zu.
Durch die Überlagerung von syntaktischen sowie versbedingten Sprech- und Sinneinheiten entsteht eine Spannung von Betonungs- und Bedeutungsverhältnissen, die eine andere Aussagequalität erzeugt, als derselbe Text in Prosaanordnung haben würde. Diese für freie Rhythmen wesentliche Leistung ist – wie entsprechende Leistungen der Lyrik überhaupt – mit den Mitteln der Metrik nicht faßbar, sondern Gegenstand der Interpretation.
Darüberhinaus sind freie Rhythmen häufig gekennzeichnet durch hymnische Sprechweise, d. h. durch eine bewußt pathoshaltige rhetorische Strukturierung.

Es hat nicht an Versuchen gefehlt, freie Rhythmen metrisch oder rhythmisch zu beschreiben (z. B. Heusler), aber ein solches Unterfangen muß von seinem Gegenstand her problematisch bleiben. Eine metrische Analyse freier Rhythmen ist nur insoweit sinnvoll, als sie die Differenz zu metrischen Versen und Strophen herauszuarbeiten vermag (z. B. ist Z. 7 gebaut wie ein halber Pentameter, einem solchen nur ähnlich gebaut sind die Zeilen 12 und 13).

7.3 Prosanahe Verse und Versgruppierungen

Es gibt versartige Gebilde, die sich fast nahtlos in Prosa verwandeln lassen. Zum Beispiel folgendes Gedicht:

Ein Beispiel für Bildkraft und Sprache eines Barockforschers

Der große Barockforscher namens
Spahr, am 29. 11. 1969 befragt
nach den Studenten von Berkeley,
für die er da ist, entgegnet, nach einem
Blick ins Sektglas, die Studenten seien
Ratten, genaugenommen
Abfallratten, Verbreiter der
Pest.
Soviel
zum gegenwärtigen Stand der Barock-
forschung.

(Lettau)

Auch auf dieses Gedicht treffen die bei der Beschreibung der freien Rhythmen genannten Bestimmungen zu.
Der Extremfall von Prosanähe lyrischer Texte ist da erreicht, wo ein Prosatext wörtlich in Gedichtform umgesetzt wird. Ein Beispiel dafür ist folgender Text:

Tiermarkt/Ankauf

Der Polizeipräsident
in Berlin sucht:
Schäferhundrüden.

Alter ein bis vier Jahre,
mit und ohne
Ahnentafel.

Voraussetzungen: einwandfreies Wesen
rücksichtslose Schärfe
ausgeprägter Verfolgungstrieb

Schußgleichgültigkeit
und
gesund

Überprüfung
am ungeschützten Scheintäter
Hund mit Beißkorb

Gezahlt werden
bis zu
750,-- DM

Angebote an:
Der Polizeipräsident
in Berlin W-F 1

1 Berlin 42
Tempelhofer Damm 1–7
Tel. 69 10 91

Apparat
27 61
Strich 64

Diese Anzeige des Polizeipräsidiums erschien im Westberliner „Tagesspiegel" am 28. Februar und 7. März 1970. 28. Februar: Reißkorb; 7. März: Beißkorb – Wortlaut nicht verändert.

(Fried)

Der Text beruht wörtlich auf folgender Zeitungsanzeige:

Tiermarkt / *Ankauf*

Der Polizeipräsident in Berlin sucht: Schäferhundrüden. Alter ein bis vier Jahre, mit und ohne Ahnentafel. Voraussetzungen: Einwandfreies Wesen, rücksichtslose Schärfe, ausgeprägter Verfolgungstrieb, schußgleichgültig und gesund. Überprüfung am ungeschützten Scheintäter, Hund mit Beißkorb. Gezahlt werden bis zu 750,- DM. Angebote an: Der Polizeipräsident in Berlin, W-F 1, 1 Berlin 42, Tempelhofer Damm 1-7, Tel.: 69 10 91, App. 2761/64

Die Umsetzung des Textes in Form eines Gedichts leistet folgendes:

- Sie isoliert den Text aus dem Funktionszusammenhang, in dem eine Anzeige steht (Artikulierung von Kaufinteressen) und macht dadurch den Blick frei für Momente, die in diesem Zusammenhang gewöhnlich nicht gesehen werden.
- Sie gliedert den Text in kurze, oft nur ein Wort enthaltende versähnliche Einheiten. Dadurch isoliert sie seine Einzelheiten und ermöglicht diesen, in einem neuen Bedeutungshorizont zu erscheinen.
- Sie bildet aus den versähnlichen Einheiten strophenähnliche Einheiten und bringt dadurch Sinnzusammenhänge zwischen den Einzelheiten zum Vorschein.
- Sie macht überhaupt den Text transparent für irrationale und inhumane Strukturen, die möglicherweise in den funktional gemeinten Strukturen wirksam sind. Auf diese Weise wird die Anzeige in ein politisches Gedicht transponiert.

Bei derartigen Texten wird die Leistung der Form deshalb besonders sichtbar, weil der vorgegebene Wortlaut beibehalten wird.

7.4 Klangkorrespondenzen als Mittel zur Bindung und Strukturierung von metrisch nicht beschreibbaren Versen

Als Mittel zur Bindung und Strukturierung von metrisch nicht beschreibbaren Versen fungieren – besonders in moderner Lyrik – eine Vielzahl von Klangkorrespondenzen. Was unter solchen Klangkorrespondenzen zu verstehen ist, soll an den ersten zehn Zeilen des folgenden Gedichts erläutert werden:

ratschlag auf höchster ebene

makers of history! schüttere wölfe
geschminkte keiler, kastraten
mit herzklaps, affensaft
in der welken milz, eine hutzel
zwischen den beinen:

schlaflos über dem golfstrom
von schönen klippern geschleudert
durch wolkenlagunen; doch tut
keine windsbraut euch auf
ihr wildes herz, ihren weißen leib:

(Enzensberger)

7.41 Formen von Klangkorrespondenz

Klangkorrespondenz kann man gliedern in:

- *Vokalkorrespondenz* (Z. 2f.: k*a*str*a*ten mit herzkl*a*ps, *a*ffens*a*ft; Z. 9: windsbr*au*t euch *au*f; Z. 10: w*ei*ßen l*ei*b); hierher gehört auch der Begriff der Assonanz (2.32).
- *Konsonanzkorrespondenz* (Z. 2: geschmin*k*te *k*eiler, *k*astraten); hierher gehört auch der Begriff der Alliteration.

Unter Alliteration versteht man den Gleichklang der Anlaute starktoniger Silben (z. B. *K*ind und *K*egel; *M*ilch *m*acht *m*üde *M*änner *m*unter; im Beispiel vielleicht Z. 10: ihr *w*ildes herz, ihren *w*eißen leib).

- *Lautgruppenkorrespondenz*:
- – einfache Lautgruppenkorrespondenz (Z. 6f.: *schl*aflos – ge*schl*eudert);
- – spiegelbildliche Lautgruppenkorrespondenz (Z. 3f.: herz*kl*aps – we*lk*en; Z. 7f.: *kl*ippern – wo*lk*en; Z. 6: schla*fl*os – go*lf*strom).

7.42 Funktionsweise von Klangkorrespondenz

Klangkorrespondenzen können

- durch Bindung nahe beieinander stehender Wörter engräumige Strukturen herstellen (Z. 2: *k*eiler, *k*astraten; Z. 10: w*ei*ßer l*ei*b);
- durch Bindung weit voneinander entfernt stehender Wörter großräumige Strukturen herstellen (Z. 6f.: *sch*laflos über den golf*st*rom (st = [ʃt]!) von *sch*önen klippern ge*sch*leudert; Z. 8–10: durch *w*olkenlagunen; doch tut keine *w*indsbraut euch auf ihr *w*ildes herz, ihren *w*eißen leib).

7.43 Nachbemerkung

Daß die Produzenten solcher Verse bewußt und zielgerichtet mit Klangmitteln arbeiten, mag folgende Bemerkung Enzensbergers zu seinem Gedicht „an alle fernsprechteilnehmer" demonstrieren:

Durchgehend macht der Text von Alliterationen und Assonanzen Gebrauch. Einige Beispiele hierfür: sanatorien–segel–salm; gegen–geht–gegen–getreide–geiseln; radarspinne–resolutionen. Für die Vokalisation: zäh–verstärkerämter–blähn; phlox–resolution–kokerei; getuschel–professur–druckerei; rüstet–tückisch. Diese Mittel haben einen zweifachen Zweck. Einerseits setzen sie dem suchenden Rhythmus ein stabilisierendes Moment entgegen. Insofern treten sie für den fehlenden Reim ein; sie betonen den Gebilde-Charakter des Ganzen, das ansonsten eher als Prozeß erscheint. Zweitens haben diese Techniken mimetischen Sinn. Sie werfen dem Text eine Knüpfstruktur über, die das thematisch gegebene Netz sprachlich wiederholt.[1]

1 In: Enzensberger, H. M.: Gedichte. Die Entstehung eines Gedichts. Frankfurt a. M. 1966. (= edition suhrkamp. 20.) S. 73.

8 Auswahlbibliographie

Albertsen, Leif Ludwig: Über die Notwendigkeit, heute auf neuen Wegen wieder Versanalyse zu treiben. In: GRM. N.F. 23. 1973. S. 11–31.

Arndt, Erwin: Deutsche Verslehre. Ein Abriß. 5., neu überarbeitete und erweiterte Auflage. Berlin (DDR) 1968.

Asmuth, Bernhard: Aspekte der Lyrik. Mit einer Einführung in die Verslehre. Düsseldorf 1972. (= Grundstudium Literaturwissenschaft. 6.)

Behrmann, Alfred: Einführung in die Analyse von Verstexten. Stuttgart 1970. (= Sammlung Metzler. 89.)

Beißner, Friedrich: Satzton und Verston. In: Der Deutschunterricht 16. 1964. H. 6. S. 33–49.

Brecht, Bertolt: Über reimlose Lyrik mit unregelmäßigen Rhythmen. In: B. B.: Gesammelte Werke in 20 Bänden. Frankfurt a. M. 1967. (= Werkausgabe edition suhrkamp.) Bd. 19. S. 395–404.

Crusius, Friedrich: Römische Metrik. Eine Einführung. Neu bearbeitet von Hans Rubenbauer. 4. Auflage. München 1959.

Drexler, Hans: Einführung in die römische Metrik. Darmstadt 1967.

Elwert, W. Theodor: Französische Metrik. 3. Auflage. München 1970.

Elwert, W. Theodor: Italienische Metrik. München 1968.

Habermann, Paul: Antike Versmaße und Strophen-(Oden-)formen im Deutschen. In: Reallexikon der deutschen Literaturgeschichte. Begründet von Paul Merker und Wolfgang Stammler. 2. Auflage. Neu bearbeitet und hrsg. von Werner Kohlschmidt und Wolfgang Mohr. Bd. 1. Berlin 1958. S. 70–84.

Habermann, Paul, und Wolfgang Mohr: Deutsche Versmaße und Strophenformen. In: Reallexikon der deutschen Literaturgeschichte. Begründet von Paul Merker und Wolfgang Stammler. 2. Auflage. Neu bearbeitet und hrsg. von Werner Kohlschmidt und Wolfgang Mohr. Bd. 1. Berlin 1958. S. 231–244.

Hassenstein, Friedrich: Verslehre. In: Literatur II. 2. Teil. Hrsg. von Wolf-Hartmut Friedrich und Walther Killy. Frankfurt a. M. 1965. (= Das Fischer Lexikon. 35/2.)

Heusler, Andreas: Deutsche Versgeschichte. Mit Einschluß des altenglischen und altnordischen Stabreimverses. Bd. 1–3. Berlin, Leipzig 1925–1929. (= Grundriß der germanischen Philologie. 8, 1–3.)

Kayser, Wolfgang: Geschichte des deutschen Verses. Zehn Vorlesungen für Hörer aller Fakultäten. 2. Auflage. München 1971. (= UTB. 4.)

Kayser, Wolfgang: Kleine deutsche Versschule. 4., erweiterte Auflage. München 1954. (= Dalp-Taschenbücher. 306.)

Kelletat, Alfred: Zum Problem der antiken Metren im Deutschen. In: Der Deutschunterricht 16. 1964. H. 6. S. 50–85.

Lexikon der alten Welt. Hrsg. von Karl Andresen u. a. Zürich, Stuttgart 1965.

Minor, Jakob: Neuhochdeutsche Metrik. Ein Handbuch. 2. umgearbeitete Auflage. Straßburg 1902.

Paul, Otto, und Ingeborg Glier: Deutsche Metrik. 7. Auflage. München 1968.

Pretzel, Ulrich: Deutsche Verskunst. Mit einem Beitrag zur altdeutschen Strophik von Helmuth Thomas. In: Wolfgang Stammler (Hrsg.): Deutsche Philologie im Aufriß. 2. überarbeitete Auflage. Bd. 3. Berlin 1962. Sp. 2357–2546.

Rupprecht, Karl: Einführung in die griechische Metrik. 3., gänzlich umgearbeitete Auflage. München 1950.

Saran, Franz: Deutsche Verslehre. München 1907. (= Handbuch des deutschen Unterrichts an höheren Schulen. 3,3.)

Saran, Franz: Deutsche Verskunst. Ein Handbuch für Schule, Sprechsaal, Bühne. Berlin 1934.

Schlawe, Fritz: Neudeutsche Metrik. Stuttgart 1972. (= Sammlung Metzler. 112.)

Schlawe, Fritz: Die deutschen Strophenformen. Systematisch-chronologisches Register zur deutschen Lyrik 1600–1950. Stuttgart 1972. (= Repertorien zur deutschen Literaturgeschichte. 5.)

Schultz, Hartwig: Methoden und Aufgaben einer zukünftigen Metrik. In: Sprache im technischen Zeitalter. 1972. H. 41. S. 27–51.

Sieveke, Franz Günter: Metrik als Theorie phonomorpher Grundmuster. In: Literaturwissenschaft. Eine Einführung für Germanisten. Hrsg. von Dieter Breuer u. a. Frankfurt a. M., Berlin, Wien 1973. (= Ullstein Buch. 2941.) S. 341–390.

Wilpert, Gero von: Sachwörterbuch der Literatur. 5., verbesserte und erweiterte Auflage. Stuttgart 1969. (= Kröners Taschenausgaben. 231.)

9 Register

Teil II

EINFÜHRUNG IN DIE RHETORIK

INHALTSVERZEICHNIS

0 Vorbemerkung

Rhetorik ist eine in der deutschen Literaturwissenschaft bis in die jüngste Zeit vernachlässigte Disziplin gewesen. Das hat vielerlei Gründe, unter anderem den, daß sich die deutsche Literaturwissenschaft seit ihren Anfängen – und besonders folgenreich im 20. Jahrhundert – bevorzugt einem im 18. Jahrhundert entstandenen Literaturbegriff zuwandte, der Dichtung als zweckfrei, autonom und als Ausdruck eines individuell-spontanen Schöpfertums auffaßte. Dieser Literaturbegriff brach eine jahrhundertealte Tradition, in der Dichtung in engem Zusammenhang mit öffentlicher Rede gesehen worden war und als ein Produkt gegolten hatte, das nach festen Regeln und mit präzisen Wirkabsichten gemacht war. Die demgegenüber neue Vorstellung von Literatur und die fast ausschließliche Orientierung der Literaturwissenschaft an ihr bedeutete eine Verengung des Blickwinkels: Auch in derDichtung von der Goethezeit bis in die Gegenwart hat Rhetorik fortgewirkt, ohne jedoch von der Literaturwissenschaft beachtet worden zu sein.

Die Diskussion um eine Neubestimmung des Gegenstands der Literaturwissenschaft, die zur Zeit stattfindet, führt weg von dieser Verengung literaturwissenschaftlicher Perspektiven. Nicht mehr das sprachliche Kunstwerk allein, sondern Texte aller Art, z. B. auch politische Reden und Konsumwerbung, sollen untersucht werden. Auch da, wo Sprach*kunst* betrachtet wird, geht es nicht mehr vorwiegend um Interpretation unter dem Aspekt der Gestalthaftigkeit des autonomen Werks. In den Mittelpunkt des Interesses rückt nun der gesellschaftliche und literaturgeschichtliche Zusammenhang von Produktion, Text, Rezeption und Wirkung.

Gerade in diesem spezifischen Zusammenhang gewinnt Rhetorik erneutes Gewicht, und zwar nicht in ihrem ursprünglichen Sinne als Anleitung zur Produktion von zweckbewußter, wirkungsorientierter Rede, sondern als Begriffsinstrumentarium zur Analyse von Texten. Zweierlei ist bei dieser Funktionsbestimmung von Rhetorik zu bedenken:

- Der „Zusammenhang von beabsichtigter Wirkung und deren sprachlicher Umsetzung", auf den rhetorische Textanalyse zielt, bedingt die „Suche nach der Vermittlung von gesellschaftlicher Wirklichkeit in Sprache"[1]. Mit diesem Frageansatz kann rhetorische Textanalyse zu einer besonders fruchtbaren Disziplin der Literaturwissenschaft werden; sie trägt dazu bei, den öffentlichen Charakter und die öffentliche Funktion von Text im weitesten Sinn – auch ideologiekritisch – aufzuhellen.
- Andererseits reicht rhetorische Textanalyse allein nicht aus, das oben skizzierte Ziel der Literaturwissenschaft zu erreichen. Vielmehr muß sie zu diesem Zweck mit den übrigen literaturwissenschaftlichen und anderen hermeneutischen Disziplinen vermittelt werden.

---

1 Fischer, Ludwig: Rhetorik. In: Grundzüge der Literatur- und Sprachwissenschaft. Hrsg. von H. L. Arnold und V. Sinemus. Bd. 1. Literaturwissenschaft. München 1973. (= dtv-WR. 4226.) S. 154.

Die vorliegende Einführung stellt sich in den Zusammenhang der Neubestimmung literaturwissenschaftlichen Selbstverständnisses. Sie bringt freilich nur in begrenztem Maße rhetorische Textanalysen im vollen Sinn des Wortes. Solche Analysen wären, wie angedeutet, nur unter Einbeziehung anderer Wissenschaftsdisziplinen, nicht zuletzt solcher nicht-literaturwissenschaftlicher Art, zu leisten. Diese Einführung soll vielmehr den Anfänger befähigen, sich *selbständig* in die überkommene Begrifflichkeit der Rhetorik einzuarbeiten. Sie läuft daher nach einer einleitenden Übersicht (Kapitel 1), die ein notwendiges Minimum an systematischen und historischen Informationen bietet, und einem zweiten Kapitel, in dem eine Reihe häufig verwendeter rhetorischer Figuren an Textbeispielen demonstriert wird, auf eine praktische Anleitung zu (Kapitel 3), die an die Stelle bloßen Auswendiglernens von Begriffen die Möglichkeit zu operationalem Eindringen in die Rhetorik setzt.

Notwendigerweise muß sich eine Einführung wie die vorliegende auf ein exemplarisches Verfahren – und das heißt auf eine stoffliche und verfahrenstechnische Auswahl unter didaktischen Gesichtspunkten – beschränken; dennoch sind die Ausführungen so angelegt, daß auch bei der Vermittlung von ‚Fakten' (Benennen rhetorischer Phänomene; rhetorische Begriffe) die Perspektiven sichtbar werden, die nach Meinung der Verfasser eine Beschäftigung mit Rhetorik im literaturwissenschaftlichen Studium rechtfertigen.

1 Einführende Übersicht

1.1 Einleitendes Beispiel

Im Januar 1973 trafen sich der damalige französische Staatspräsident Pompidou und der sowjetische Parteichef Breschnjew bei Minsk. Zuvor hatte Pompidou in Paris auf einer Pressekonferenz die große Bedeutung des bevorstehenden Gesprächs mit Breschnjew hervorgehoben. Im Hinblick auf die französischen Parlamentswahlen im März und in Anspielung auf das seiner eigenen Reise vorausgegangene Treffen zwischen Breschnjew und dem Vorsitzenden der Kommunistischen Partei Frankreichs, Marchais, sagte Pompidou bei dieser Gelegenheit:

Sie können sich wohl denken, daß ich nicht hinfahre, um den Segen von Breschnjew zu erbitten. Ich glaube, daß wir, im Gegensatz zu Marchais, nicht derselben Kirche angehören.[2]

1.11 Frage nach der Redeweise

Diese Sätze sind so formuliert, daß man sie nicht im eigentlichen Wortsinn verstehen darf.
Es fällt auf,

- daß Pompidou sagt, die Kommunisten Breschnjew und Marchais gehörten einer ‚Kirche' an;
- daß Pompidou sagt, er fahre nicht zu Breschnjew, um sich dessen ‚Segen' zu erbitten.

Pompidou gebraucht Begriffe aus dem Bereich der Religion (Kirche, Segen), will mit ihrer Hilfe aber nicht Religiöses, sondern Politisches ausdrücken. Eine solche Redeweise, bei der ein Wort durch ein anderes, aus einem unterschiedlichen Sinnbezirk stammendes ersetzt wird, gehört in den Bereich der „uneigentlichen Redeweise".
Durch den uneigentlichen Gebrauch bekommt der Begriff Kirche die Bedeutung der politisch-ideologischen Gemeinschaft, d. h. der Partei o. ä., der Begriff Segen den der Billigung der politischen Linie o. ä.

Betrachtet man den uneigentlichen Gebrauch von „Kirche" und „Segen" genauer, erkennt man:

- Im Begriff „Kirche", der die genannten Personen angeblich angehören bzw. nicht angehören, ist nicht nur die Bedeutungsmöglichkeit der jeweiligen

---

2 Das Zitat lautet im Original:
„Vous pensez bien que je ne vais pas chercher une bénédiction auprès de M. BREJNEV, n'est-ce pas, contrairement, je pense à M. MARCHAIS, nous ne faisons pas partie de la même église."
Die hier benutzte deutsche Übersetzung ist die offizielle Übersetzung der französischen Botschaft (Ambassade de France. Service de Presse et d'Information. Nr. 4. 1973. S. 1.)

ideologischen Gemeinschaft evoziert, sondern auch die des Irrgläubigen, d. h. des außerhalb der – im Sinne Pompidous: rechtgläubigen – Kirche Stehenden, ja des Ketzers. Im Zusammenhang mit dem eigentlich gemeinten Bereich des Politischen kann (und soll) dies durch Assoziation zu der Vorstellung vom politisch-ideologischen Gegner führen.

- Im Begriff „Segen", den der Sprechende sich nicht zu holen gedenkt, ist nicht nur die Vorstellung vom Pilger, sondern auch die von der hierarchischen Gliederung des (katholischen) Klerus und von der Übergeordnetheit des Segnenden über den Segensuchenden (päpstliche Autorität) mit aufgerufen. Im Zusammenhang mit dem eigentlich gemeinten Bereich des Politischen drückt die Ablehnung der Pilgerrolle den Anspruch Pompidous aus, gleichgewichtiger und ideologisch unabhängiger Verhandlungspartner Breschnjews zu sein. Zugleich wird die Vorstellung suggeriert, daß das Handeln des innenpolitischen Konkurrenten Marchais der Absegnung durch Moskau bedürfe; daß, sollte Marchais die Wahl gewinnen, Frankreich politisch-ideologisch in die Abhängigkeit der UdSSR geraten müßte.

1.12 Frage nach der Wirkung der besonderen Redeweise

Im Klartext wollte Pompidou sagen, daß er – im Unterschied zu Marchais – nicht zu Breschnjew fahre, um sich von diesem das eigene politische Konzept billigen oder bestätigen zu lassen.

Der Zweck seiner Rede war:
- Abgrenzung von dem ausländischen Gesprächspartner Breschnjew und Selbstprofilierung als ein mit Breschnjew Gleichgewichtiger;
- Abgrenzung von dem innenpolitischen Konkurrenten Marchais und Selbstprofilierung als ein Marchais Überlegener (keine Abhängigkeit von einer übergeordneten Autorität);
- Profilierung der eigenen Person und Partei als Garanten der Unabhängigkeit, des Selbstvertrauens und der Würde der französischen Nation.

Die uneigentliche Redeweise verschärft nicht nur die Abgrenzung vom innenpolitischen Konkurrenten zum herabsetzenden Angriff auf diesen (Marchais als Ketzer und Abhängig-Höriger), sie erlaubt auch die der Selbstprofilierung dienliche Distanzierung vom ausländischen Gesprächspartner, ohne daß dieser direkt angegriffen oder herabgesetzt und damit die Erfolgschancen des bevorstehenden Gesprächs – ihrerseits ein Faktor des politischen Prestiges von Pompidou – gemindert würden. Die uneigentliche Redeweise läßt Abgrenzung und Angriff zunächst in milderem Licht erscheinen; der verbindlich-scherzhafte Ton scheint sogar ein gewisses Maß an Toleranz einzuschließen. In Wirklichkeit verstärkt sie aber Angriff und Abgrenzung: bei genauer Analyse des sprachlichen Ausdrucks wird hinter dem Anschein der Toleranz eine abwehrende Unduldsamkeit erkennbar, die dem innenpolitischen Gegner gegenüber gar nicht, dem ausländischen Verhandlungspartner gegenüber nur zeitweise, aus Rücksicht auf weitergehende Interessen, zum Stillhalten gezwungen ist. Die

Uneigentlichkeit der Sprechweise bewirkt hier eine Entschärfung der *Form*, bewahrt aber die *inhaltliche* Grundposition und verschärft durch die mit Mitteln der Rede eingebrachten Assoziationsmöglichkeiten die *Tendenz* der Aussage.

1.13 Frage nach dem Zusammenhang von Redeweise und Redesituation

Pompidous Redeweise ist nicht zufällig, sondern Ergebnis eines von einer gegebenen Situation abhängigen Kalküls. Die gegebene Situation ist der Wahlkampf; Pompidou will über das Instrument einer Pressekonferenz die öffentliche Meinung beeinflussen im Sinne einer Werbung für sich und seine gaullistische Partei. Nicht nur hinter dem Tun (Reise zu Breschnjew), sondern auch hinter dem öffentlichen Reden steht die Absicht, die Gunst der Wählerschaft zu gewinnen. Der Wahlsieg ist das Ziel, an dem die Auswahl der Mittel auch für die Äußerung auf dieser Pressekonferenz sich orientiert. Nicht zuletzt wegen der Komplexität der Adressatengruppen – dort der ausländische Verhandlungspartner, der nicht verärgert werden, aber auch nicht als Komplice erscheinen darf, hier die französische Wählerschaft, die von der Gefährlichkeit der kommunistischen und von der Zuverlässigkeit der gaullistischen Partei überzeugt werden muß – greift Pompidou zu der uneigentlichen Redeweise, die es ihm erlaubt, seine Gedanken gleichzeitig zu *enthüllen* und zu *verhüllen* und so seinem Ziel unter Berücksichtigung vielschichtiger Interessenlagen auf seiten der Adressaten näherzukommen.

1.14 Elemente des rhetorischen Sprechens

Das analysierte Beispiel enthält folgende Elemente rhetorischen Sprechens:

- die Situation (Wahlkampf);
- den an der Situation parteilich Interessierten (Redner);
- die Einflußnahme auf die Situation (Intention und Inhalt der Rede);
- die Rücksichtnahme auf die Adressaten (Auswahl des Redeinhalts und der Redemittel).

Pompidous Worte erweisen sich als rhetorisch kalkulierte Rede; sie sind ein Beispiel für die Bedeutung von Rhetorik auch in der Gegenwart.

1.2 Elemente des ‚Systems' der antiken Rhetorik

1.21 Zum Begriff Rhetorik

Das Wort Rhetorik leitet sich von dem griechischen Wort rhetor = Redner ab. Rhetorik soll einen Redner zur Herstellung und zum Vortrag einer wirkungsvollen Rede befähigen. Ihr liegt die allgemeine Auffassung zugrunde, daß ein Produzierender (Handwerker, Redner, Künstler usw.) mit Hilfe von Produktionsregeln (ars; „Kunst"[-fertigkeit]) sein Produkt (handwerkliches, rhetorisches, künstlerisches Werk usw.) herstellt (Abb. 1).

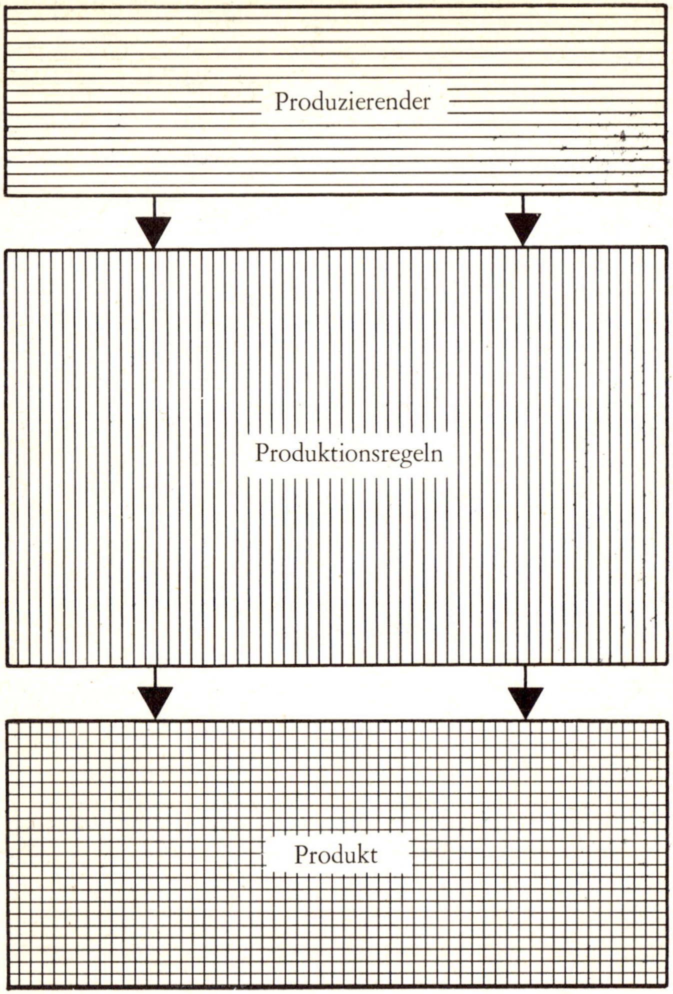

Abb. 1

1.211 Die Fähigkeit zur Herstellung und zum Vortrag einer wirkungsvollen Rede beruht zum einen auf natürlichen Voraussetzungen beim Redner (z. B. Stimmkraft); zum andern beruht sie auf einer Schulung, deren Grundlage ein – im geschichtlichen Verlauf mehr oder weniger fester – Kanon von Regeln ist, den die Antike als *ars bene dicendi* definiert. Seine Beherrschung wird beim guten Redner vorausgesetzt. Sie ermöglich gute Rede (Abb. 2).

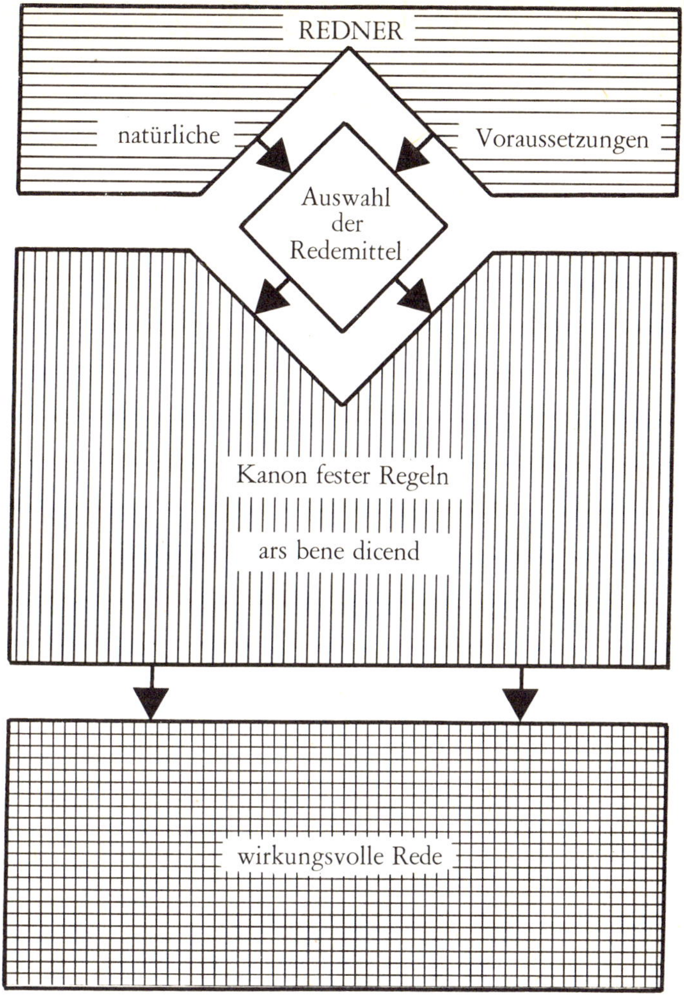

Abb. 2

1.212 Die Regeln der *ars bene dicendi* betreffen Konzeption, Gestaltung und Vortrag
- der Gedanken,
- der Sprache (Abb. 3).[3]

---

3 Die Wirkung von Rede, sofern sie sich an Leser/Betrachter wendet, hängt außer von den gedanklichen und sprachlichen Mitteln auch von Bildern, Schriftarten, Layout, Arrangement, Farben etc. ab.

- Ein Gedanke ist ohne Bindung an Sprache nicht möglich. Er kann jedoch sprachlich auf verschiedene Weise ausgedrückt werden. Diese variable Weise des Ausdrucks von Gedanken durch Sprache ist im folgenden immer gemeint, wenn von „Sprache“ die Rede ist.

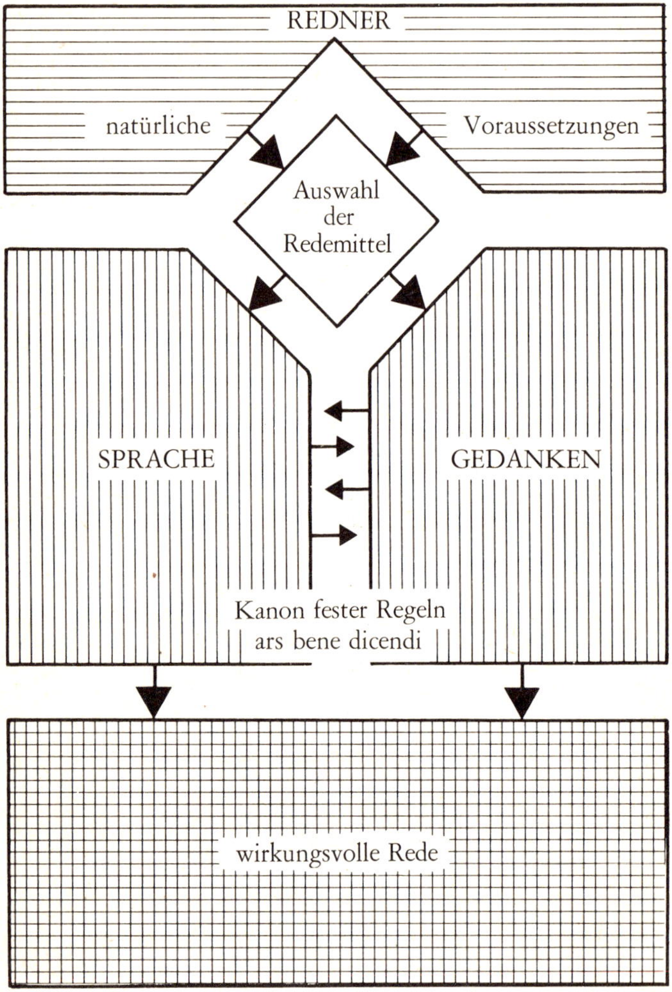

Abb. 3

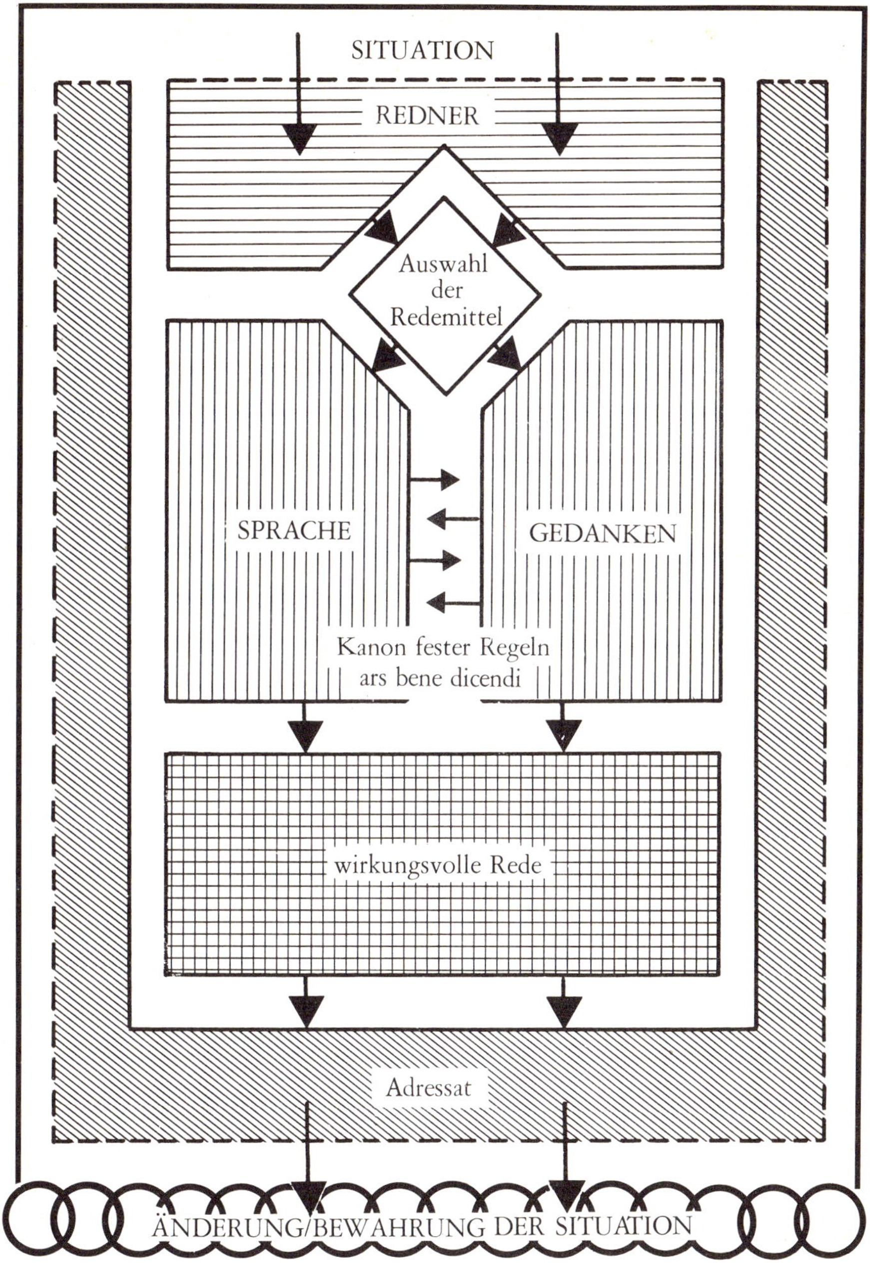
SITUATION
REDNER
Auswahl der Redemittel
SPRACHE
GEDANKEN
Kanon fester Regeln
ars bene dicendi
wirkungsvolle Rede
Adressat
ÄNDERUNG/BEWAHRUNG DER SITUATION

Abb. 4

1.22 Funktion von Rede

Die antike Rhetorik geht davon aus, daß die Funktion von Rede Einwirkung über den Adressaten auf eine gegebene Situation ist, mit dem Ziel, die Situation zu verändern bzw. ihre Veränderung zu verhindern. Die Rhetorik versteht den Redenden als einen an der Situation parteilich Interessierten. Der Zweck von Rede ist Beeinflussung des Adressaten (Abb. 4).

Dabei unterscheidet die antike Rhetorik zwischen
- Rede, deren Funktion der einmalige Gebrauch zur Änderung/Bewahrung einer speziellen Situation ist, und
- Rede, deren Funktion der wiederholte Gebrauch zur Änderung/Bewahrung gleicher oder ähnlicher Situationen ist; diese Art der Rede führt tendenziell zur schriftlichen Tradierung.

1.23 Grundtypen der Rede (Redegattungen)

Die Lehrsätze der antiken Rhetorik wurden in der Praxis ausgebildet am Modell der drei Grundtypen der öffentlichen Rede:
- Gerichtsrede (genus iudiciale)
  Die judiziale Gattung hat die Funktion der Anklage oder der Verteidigung vor einem Richter, der in einer Gerichtsverhandlung einen Tatbestand rechtsgültig zu beurteilen hat.
- Politische Rede (genus deliberativum)
  Die deliberative Gattung hat die Funktion des Empfehlens oder Abratens vor der Volksversammlung, wenn diese zwischen unterschiedlichen Möglichkeiten politischen Handelns zu wählen hat.
- Festrede (genus demonstrativum; epideiktische Gattung)
  Die epideiktische Gattung hat die Funktion des Lobes oder des Tadels in einer Situation, in der eine Person öffentlich geehrt oder geschmäht werden soll.

Diese auch heute noch unterscheidbaren Grundtypen wurden unter dem Begriff der Parteirede zusammengefaßt.

1.24 Produktionslehre

Für das Herstellen und den Vortrag einer wirkungsvollen Rede hat die antike Rhetorik eine spezielle Lehre vom Stoff und von der Verarbeitung des Stoffes entwickelt.

1.241 Lehre vom Stoff

Die zentrale Voraussetzung der Lehre vom Stoff ist, daß der (Partei-)Redner alle ihm gestellten Themen sachlich beherrschen muß. Daraus folgt die Forderung universaler Bildung an den Redner.
Damit der Redner sein Thema bewältigen kann, muß er die Grundsituation kennen, die seine Rede notwendig macht und ihre Gestaltung bestimmt. Er

muß außerdem den Grad der Glaubwürdigkeit des von ihm vertretenen Parteistandpunktes richtig einschätzen und solche rhetorischen Mittel auswählen, die entsprechend der Situation die Glaubwürdigkeit steigern.

1.242 Lehre von der Verarbeitung

In der Lehre von der Verarbeitung werden fünf Arbeitsphasen unterschieden:

I. Findung der Gedanken (inventio)
Die inventio meint das Finden derjenigen Gedanken, die im Sinne der vertretenen Partei zum Thema passen.

II. Anordnung der Gedanken (dispositio)
In der dispositio geht es um die dem Redezweck (Überzeugung/Überredung) angemessene Gliederung der Gedanken.

III. Gestaltung der Sprache (elocutio)
In der elocutio geht es um die Erfüllung von Qualitätskriterien des sprachlichen Ausdrucks (virtutes elocutionis):
- sprachliche Richtigkeit (puritas),
- Verständlichkeit (perspicuitas),
- zielbewußte Ausschmückung (ornatus),
- Angemessenheit hinsichtlich Gegenstand und Situation (aptum).

IV. Einprägen der Rede im Gedächtnis (memoria)

V. Vortrag der Rede (pronuntiatio; unter Einschluß von Mimik und Gestik) (Abb. 5).

1.243 Lehre von den Affekten

Die Auswahl der Redemittel (Gestaltung von Rede) hängt ab von der Absicht des Redners, den Zuhörer intellektuell zu überzeugen und/oder seine affektische Zustimmung zu erreichen. Will er ihn affektisch beeinflussen, muß er zwischen zwei Affektstufen unterscheiden:
- sanfte Affektstufe (ethos) zur Erzeugung angenehmer Gefühle;
- heftige Affektstufe (pathos) zur Erzeugung von Erschütterung des Zuhörers.

Es ergeben sich so insgesamt drei grundsätzlich zu unterscheidende, in der Praxis aber häufig gemischte Sprechweisen:
- nüchtern argumentierendes Sprechen (intellektuelle Überzeugung);
- gemäßigt aufgelockertes Sprechen (ethos);
- heftig erregtes Sprechen (pathos).

Die Entscheidung für eine dieser drei Sprechweisen wird jeweils getroffen im Hinblick auf die Angemessenheit (aptum).

1.244 Nicht nur Sprechkunst richtet sich an rhetorischen Regeln aus (vgl. 1.21 und Abb. 1), sondern auch Schreibkunst kann rhetorisch strukturiert sein. Insofern dies für Literatur zutrifft, ist sie als Rede zu betrachten.

Findung
Anordnung
Gestaltung
Einprägung
Vortrag

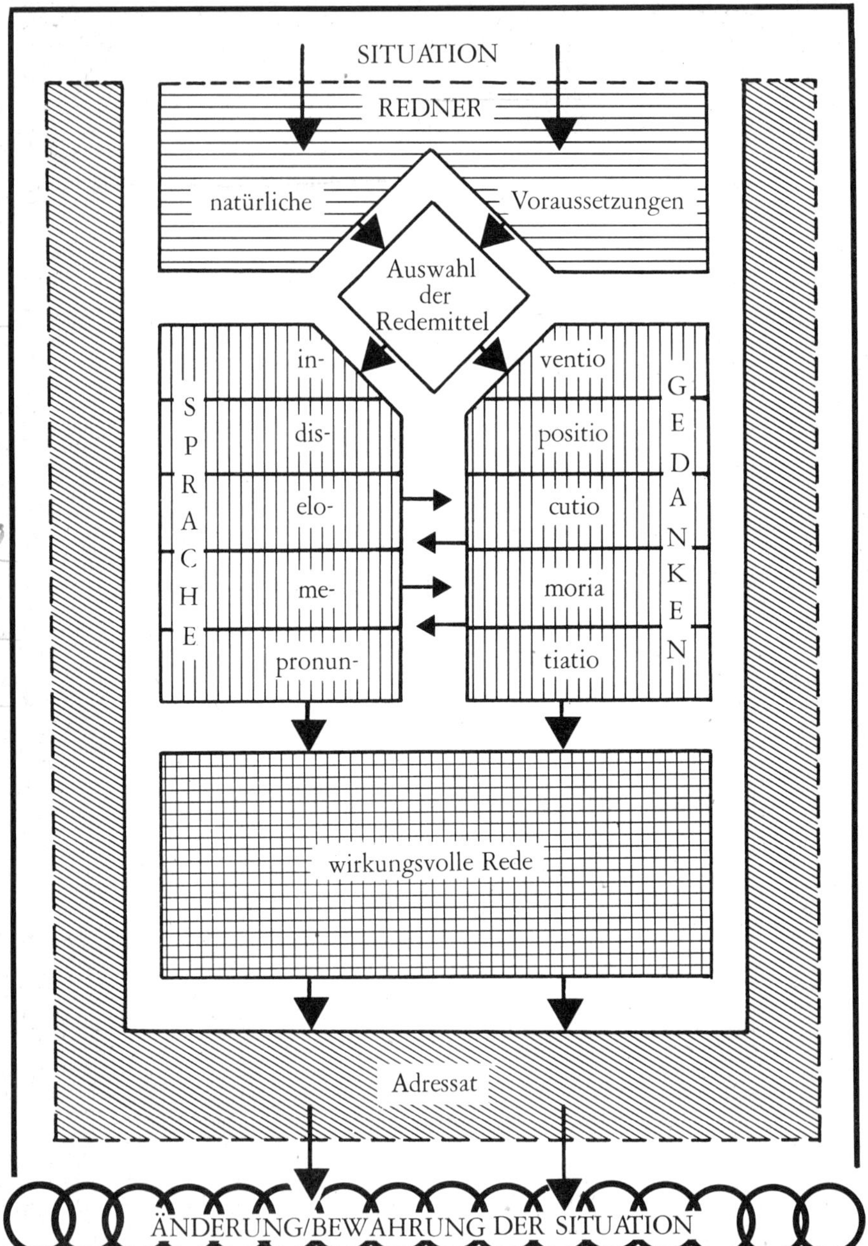

Abb. 5

1.3 Zur Geschichte der Rhetorik

Rhetorik als Theorie und Lehre ist im Zusammenhang mit der politisch-sozialen Entwicklung der attischen Demokratie im 5. Jahrhundert v. Chr. entstanden. Sie stand von Anfang an konkret im Dienste der Ausbildung von öffentlich Redenden (Anwälten und Politikern). Sie besaß daher einerseits hohes Prestige; andererseits war sie von Anfang an im Konkurrenzkampf mit Dichtung und Philosophie (Wahrheitsanspruch) stark umstritten.

Es ist festzuhalten, daß man von einem „System" der Rhetorik im Sinne einer abgeschlossenen Theorie und Begriffsbildung nicht reden kann. Vielmehr wurden schon im Altertum im Rahmen des Grundgedankens, daß zur Erreichung eines bestimmten Zwecks (Interesse) ein Hörer zur Identifizierung mit dem Redenden zu bewegen sei,[4] von Gorgias über Plato, Aristoteles bis zu Cicero und Quintilian – um nur einige der bedeutendsten antiken Rhetoriker zu nennen – Ergänzungen und Veränderungen des Regelkanons vorgenommen, und zwar im Sinne der Anpassung der vorhandenen Ansätze an die veränderte geschichtlich-soziale Interessenlage der jeweiligen Gesellschaft. Daß sich trotz der Veränderung gesellschaftlicher Interessenlagen Rhetorik als ein im Grundmuster gleichbleibender Theoriekomplex und als Wirkungszusammenhang über Jahrhunderte hinweg ausmachen läßt, dürfte u. a. zusammenhängen

- mit dem Axiom, daß Rede nicht nur den Intellekt, sondern auch die Affekte des Zuhörers anzusprechen und zu erregen habe, und
- mit ihrer auf öffentliches Leben gerichteten Funktionsbestimmung.

Rhetorik als Theorie und Lehre der wirkungsvollen Rede lebte durch das Mittelalter bis in die Neuzeit fort. Im Mittelalter trat an die Stelle der „Schulung" von Anwälten und Politikern die von Klerikern und Notaren; Rhetorik gehörte zum Grundprogramm der Schulbildung. Inzwischen längst auch auf „Dichtung" (als geschriebene Rede) ausgedehnt, erlebte die Rhetorik insbesondere im 17. Jahrhundert eine Blütezeit. Noch am Ende des 18. Jahrhunderts erschienen auch in Deutschland wichtige Abhandlungen über die rhetorische Lehre. Erst mit dem Aufkommen eines neuen Dichtungsbegriffs (individueller Ausdruck von subjektivem Erleben) in der zweiten Hälfte des 18. Jahrhunderts wurde die Herrschaft rhetorischer Normen und Anweisungen gebrochen. Sozialgeschichtlich stand dies im Zusammenhang mit der Erstarkung des Bürgertums, philosophiegeschichtlich im Zusammenhang mit der Entstehung des Idealismus. Allerdings setzte sich die Erstarkung des Bürgertums nicht adäquat in politische Macht um.

„In der Verachtung der ‚politischen' Rh[etorik] manifestiert sich die Gesinnung eines Bürgertums, das sich, realer Herrschaft beraubt, im reinen Reich der Kunst für mangelnden politischen Einfluß schadlos halten möchte und deshalb alle Grenzverwischungen

---

4 Vgl. Jens, Walter: Rhetorik. In: Reallexikon der deutschen Literaturgeschichte. Hrsg. von W. Kohlschmidt und W. Mohr. 2. Aufl. Bd. 3. [Noch im Erscheinen begriffen.] Fünfte Lieferung. Berlin 1971. S. 434. (Künftig zitiert als: Jens: Rhetorik.)

unerbittlich attackiert: Rh[etorik] paßt nicht ins Konzept der bürgerlichen Eskapismus-Ideologie; ihre Wirkungs-Akzentuierung widerstrebt dem Theorem von der reinlichen Trennung der Welten: der einen der Realität, von der man sich, ohnmächtig, abkehrt, und der anderen der Poesie, die man auf Kosten der Rh[etorik] für autonom erklärt und in deren Bezirk man absolute Konzeptionen entwirft, um den mangelnden Einfluß im bürgerlichen Leben zu kompensieren."[5]

Besonders im 18. Jahrhundert ging Rhetorik zunehmend in der Stilistik auf. Das schloß jedoch nicht aus, daß immer wieder Ansätze zur Aufnahme und Fortentwicklung von Rhetorik unternommen wurden (von der Schulrhetorik des 19. Jahrhunderts bis hin zu Lenins Forderung nach einer sozialistischen Rhetorik).

Den umfassendsten Versuch, die Ergebnisse der jahrhundertelangen Entwicklung der Rhetorik wissenschaftlich verfügbar zu machen, stellt zum gegenwärtigen Zeitpunkt Heinrich Lausbergs systematisierende Zusammenfassung der „literarischen Rhetorik" dar.[6] Sie erschien zu einer Zeit, als die Literaturwissenschaft weitgehend auf das Prinzip der werkimmanenten Interpretation festgelegt war und von der Auffassung der Dichtung als Schöpfung sowie von der Autonomie und Zweckfreiheit des sprachlichen Kunstwerks ausging. Diesen Ansätzen gegenüber stellte Lausbergs Darstellung der Rhetorik potentiell einen Neuansatz dar, indem sie im Sinne ihres Gegenstands auf das Gemachte, das Bedingte und das Zweckgerichtete nicht nur der gesprochenen, sondern auch der geschriebenen Rede („Dichtung") aufmerksam machte. Die Rezeption dieses Ansatzes war schwach: Rhetorik als ein Instrument zur Analyse von Dichtung („literarische Rhetorik") blieb weithin unbeachtet. Dort, wo der Ansatz rezipiert wurde, verstärkte er in der Regel sogar die Intention der werkimmanenten Interpretation.

- Lausbergs Rhetorik-Bücher sind nicht unproblematisch. Er fügt das, was in Abhängigkeit von den jeweiligen Zeitbedingungen ohne strenge Konsistenz entstanden ist, zu einem abgeschlossenen, geradezu lückenlosen System zusammen, das es in dieser Form nie gegeben hat.

Einen anderen Versuch der Reaktivierung der Rhetorik stellt die Schule der „new rhetoric" dar, die sich seit den vierziger Jahren in den USA entwickelt hat. Sie legt Auffassungen der klassischen Rhetorik zugrunde und wandelt sie im Rahmen moderner Forschungsansätze unter dem Aspekt einer Befähigung zu wirkungsvoller Kommunikation ab. Dabei untersucht sie insbesondere die Bedeutung der überkommenen Affektenlehre für die Redekunst (vgl. 1.243) und geht dem Zusammenhang zwischen ihr und den Künsten nach. Sie sucht unter anderem die psychischen und sozialen Bedingungen zu ermitteln, die die Einflußnahme von Mitteilenden auf Empfänger mit Hilfe bestimmter Medien ermöglichen.

Die zunehmend gewichtigere neueste Rhetorik-Diskussion (vgl. Bibliographie) läßt sich hier nicht zusammenfassend beurteilen.

---

5 Jens: Rhetorik. S. 433.

6 Vgl. Lausberg, Heinrich: Handbuch der literarischen Rhetorik. Eine Grundlegung der Literaturwissenschaft. München 1960.

2 Demonstration rhetorischer Figuren an Textbeispielen

2.1 Demonstrationsinteresse und Demonstrationsbereich

2.11 Demonstrationsinteresse

Unter Ziffer 1.1 ist zur Veranschaulichung dessen, was man den Grundansatz und die Grundperspektive der Rhetorik nennen kann, ein Beispiel aus dem Bereich der politischen Rede behandelt worden. Im folgenden Kapitel werden ein Barockgedicht und ein Text aus der Konsumwerbung als Demonstrationsobjekte herangezogen. Demonstriert werden sollen an diesen historisch und funktional verschiedenen Texten Techniken und Formen rhetorischer Gestaltung von Rede im Funktionsbereich elocutio (vgl. 1.242), d. h. im wesentlichen eine Reihe wichtiger rhetorischer Figuren. Dabei richtet sich das Demonstrationsinteresse nicht nur auf das Aufzeigen und Benennen der Figuren, sondern im Ansatz auch auf die Frage nach ihrer (möglichen bzw. tatsächlichen) Leistung in einem gegebenen Text- und Wirkungszusammenhang.

2.12 Demonstrationsbereich

Obwohl der Funktionsbereich elocutio innerhalb der rhetorischen Lehre von der Verarbeitung des Stoffes nur einen Teilkomplex darstellt, wurde er – und in ihm der Unterbereich des ornatus – in der jahrhundertelangen Geschichte der Rhetorik besonders stark betont und entwickelt. Daß der Unterbereich des ornatus in dieser Einführung breiten Raum einnimmt, ist außer auf didaktische Erwägungen darauf zurückzuführen, daß auch bei einer rhetorischen Textanalyse die Einzelheiten des Textes das zunächst Gegebene sind. Diese Einzelheiten, die als erstes greifbare Oberflächenstruktur des Textes, sind gestaltet gemäß den Regeln der elocutio und dem ‚Kanon' der im Unterbereich ornatus zusammengefaßten rhetorischen Figuren oder doch in Analogie zu ihnen.

Die Frage nach den rhetorischen Figuren ist daher der übliche Ausgangspunkt für die rhetorische Analyse eines Textes. Sie ist es darüber hinaus auch darum, weil sich die Rhetorik sehr stark an die Affekte des Zuhörers/Lesers wendet (vgl. 1.243) und dies mit Hilfe der rhetorischen Figuren tut, die „nichts anderes sind als die Sprache dieser Affecten" (Johann Jacob Breitinger)[7].

---

7 Zitiert nach: Jens: Rhetorik. S. 436. – Vgl. auch Jens: Rhetorik. S. 442: „Rh[etorik] lehrte nicht nur Texte zu machen, dank ihres ausgebauten ‚Systems', vor allem im Bereich der Stilistik, ermöglichte sie es auch, Dichtung zu interpretieren. Nur wer über das Arsenal der Figuren und Typen verfügte, konnte hinter der Vielzahl von Bedeutungen den einen Sinn, hinter allegorischen Verrätselungen die Wahrheit erfassen, Hermeneutik betreiben und damit die Prinzipien der Rh[etorik], in einem Akt der Instrumentalisierung, nicht zuletzt für das Verständnis christlicher Texte [. . .] fruchtbar machen."

2.121 „Figura“ meinte möglicherweise ursprünglich die stilisierte Körperhaltung eines Schauspielers auf der Bühne und wird bestimmt durch die Abweichung von der Normalhaltung des Körpers. In der Rhetorik wird der Begriff auf die Bereiche der Gedanken und der Sprache (vgl. 1.212) übertragen und bezeichnet alle Abweichungen von der gedanklichen und sprachlichen Normallage. Eine grundsätzliche Schwierigkeit für die Interpretation von Phänomenen, die die Rhetorik „Figuren“ nennt, liegt in dem Umstand begründet, daß die gedankliche und sprachliche Normallage kein überzeitlicher und tatsächlich vorhandener Maßstab ist, sondern daß sie für jeden rhetorisch zu analysierenden Text historisch angemessen rekonstruiert werden muß. Allgemein kann man sagen, daß die Normallage am sprachlich und gedanklich Einfachen und nicht am Komplexen orientiert ist, wobei freilich auch die einfache Sprechweise ihren Platz im rhetorischen System hat. So ist „Normallage“ nicht mehr als jeweils eine Arbeitshypothese, die trotz aller Problematik heuristischen Wert besitzt.

2.122 Das Ergebnis der ornamentalen und funktionalen Verwendung rhetorischer Figuren ist der ornatus eines Textes. Ornatus kann sinnvollerweise nicht als „Ausschmückung“ übersetzt werden, da schon in der Antike die rhetorischen Figuren nicht als reine Schmuckformen benutzt, sondern auch zielbewußt im Sinne einer angestrebten Wirkung eingesetzt wurden.[8] Das heißt: ästhetische und außerästhetische Wirkungsabsicht sind nicht zu trennen.

Der ornatus betrifft die gedankliche und die sprachliche Seite von Rede. Es gibt demnach

- Gedankenfiguren,
- Sprachfiguren.

Da Gedanken sich immer in Worten äußern, ist häufig schwer zu unterscheiden, ob man eine Gedanken- oder eine Sprachfigur anzunehmen hat.

---

8 Vgl. Gottsched, Johann Christoph: Grundriß Zu einer Vernunfftmäßigen Redekunst. Hannover 1729. S. 67: „Unter die Zierrathen der Perioden werden [. . .] auch die Figuren gerechnet: wiewohl dieselben eigentlich vor [= für] etwas mehr, als vor Zierrathe zu halten sind. Sie sind eigentlich die Sprache der Affecten, und zeigen [= zeugen] insgemein von der Lebhafftigkeit dessen, der da redet und schreibet. Sie halten eine besondre Krafft und ein verborgenes Feuer in sich, welches in das Gemüth der Zuhörer oder Leser so starck wircket, daß dieselben auch entzündet werden. Es ist auch keine einzige Gemüths-Bewegung, welche nicht durch gewisse Figuren erreget werden könnte: Da hergegen ohne die Figuren fast keine einzige erwecket werden kan.“

2.2 Demonstration rhetorischer Figuren und ihrer Leistung am Beispiel eines Barockgedichts

2.21 Text

Sonnet.

Vergänglichkeit der schönheit.

C. H. v. H.

Es wird der bleiche todt mit seiner kalten hand
Dir endlich mit der zeit umb deine brüste streichen/
Der liebliche corall der lippen wird verbleichen;
Der schultern warmer schnee wird werden kalter sand/
Der augen süsser blitz/ die kräffte deiner hand/
Für welchen solches fällt/ die werden zeitlich weichen/
Das haar/ das itzund kan des goldes glantz erreichen/
Tilgt endlich tag und jahr als ein gemeines band.
Der wohlgesetzte fuß/ die lieblichen gebärden/
Die werden theils zu staub/ theils nichts und nichtig werden/
Denn opfert keiner mehr der gottheit deiner pracht.
Diß und noch mehr als diß muß endlich untergehen/
Dein hertze kan allein zu aller zeit bestehen/
Dieweil es die natur aus diamant gemacht.

C. H. v. H. = Christian Hofmann von Hofmannswaldau (1617–1679).[9]

2.22 Anwendung des rhetorischen Grundbegriffs „Situation“

2.221 Historische und poetologische Voraussetzungen des Gedichts

Lyrische Dichtung des Barocks ist hauptsächlich Gesellschaftskunst, d. h. sie ist prinzipiell auf Gesellschaft hin ausgerichtet und bemüht sich, durch eine – gelegentlich bis zum Manierismus getriebene – artistische Variations- und Überbietungstechnik den formalen und inhaltlichen Erwartungen der (feudalbürgerlichen) Gesellschaft gerecht zu werden. Sie tut dies auf der Basis einer durch rhetorische Tradition bestimmten Dichtungstheorie (Poetik). Gedichte

---

9 Das (vergrößerte) Faksimile entstammt der sog. Neukirchschen Anthologie. Bd. 1 – Bb. Leipzig 1697. S. 14. (Standort: UB Marburg. Signatur: SVI C 434^{m}.)

werden von Poetikern des Barocks als „gebundene Rede" definiert. Sie unterscheiden sich danach von Prosarede nur durch die Gebundenheit – d. h. die metrische Form – ihrer Sprache.

2.222 „Externe" Situation

Der Situationsbegriff, wie er am Beispiel der politischen Rede demonstriert worden ist (vgl. 1.13), läßt sich übertragen auf das Verhältnis von Dichter und Publikum: auch der Dichter ist ein an der Situation Interessierter. Die rhetorische Situation des Dichters besteht – mit besonders großem Gewicht im Barock – in der Herausforderung durch die Erwartungen des Publikums und die literarische Tradition.

Zu diesen Herausforderungen, denen ein lyrischer Dichter des Barocks genügen muß, gehört ein Vorrat von festen Gedichtformen, z. B. die Form des Sonetts (Gedichttitel des Beispiels). Darüber hinaus steht auch die inhaltliche Füllung der gewählten Form nicht im Belieben des Dichters, sondern ist in einem relativ festen Kanon vorgegeben, so auf dem Feld der Liebeslyrik durch die von Petrarca ausgehende Überlieferung die Thematisierung der vergeblichen Werbung um eine Frau.

Der Dichter reagiert auf diese Situation, indem er die Wahl seiner Kunstmittel (vgl. 1.21 und Abb. 1) so einrichtet, daß er zugleich sich in die Tradition der Autoritäten stellt und seine Konkurrenten überbietet, somit die Situation zu seinen Gunsten (z. B. Ruhm und Nachruhm) beeinflussen kann.

Da vom Text her gesehen in der Wendung des Dichters an sein Publikum eine Beziehung nach außen besteht, kann man diese Situation (nach der von Lausberg verwendeten Terminologie) als „text-extern" bezeichnen.

2.223 „Interne" Situation

Im Unterschied etwa zu politischer Rede kommt bei Dichtung durch ihren fiktionalen Charakter ein zweiter Situationsbegriff hinzu, der sich am Beispiel des gegebenen Themas „Vergebliche Werbung um eine Frau" verdeutlichen läßt:

Auch der innerhalb der Fiktion Werbende, der vom Dichter prinzipiell zu unterscheiden ist, befindet sich in einer Situation (Vergeblichkeit der Werbung), die er als der Interessierte zu seinen Gunsten zu beeinflussen sucht.

In diesem Sinne konfrontiert der Werbende in Hofmannswaldaus Sonett Aussagen über die Vergänglichkeit der Schönheit der Umworbenen mit der Aussage über die Unzugänglichkeit ihres Herzens.

Diese letzte Aussage wird damit begründet, daß die Natur das Herz der Umworbenen „aus diamant gemacht" habe. Die Vorstellung des „diamantenen" Herzens meint also nicht nur Kostbarkeit und Unvergänglichkeit, sondern auch – und mehr noch – die Härte des Herzens, d. h. Hartherzigkeit als diejenige Eigenschaft, die die Ablehnung des Werbenden durch die Umworbene begründet und damit die Situation konstituiert.

Schon dieser Vorwurf kann als Versuch gewertet werden, die (fiktive) Situation zu ändern. Ein weiterer Versuch ist in dem Hinweis auf die „Vergänglichkeit der schönheit“ zu sehen, der den Zweck verfolgt, die Umworbene zum Nachgeben zu bewegen, solange sie noch schön und damit umworben ist.

Da eine Beziehung nur zwischen den fiktiven Personen des Gedichts, also nur innerhalb des Gedichts besteht, kann man diese Situation (wieder mit Lausberg) als „text-intern“ bezeichnen.

2.224 Beide Situationsbegriffe müssen bei einer Analyse voneinander getrennt gehalten werden.

Sie fließen jedoch insofern ineinander, als auch das text-intern situationsgerechte Verhalten des Werbenden eines der Mittel ist, mit denen der Dichter text-extern auf seine Situation reagiert.

Deshalb wird eine Interpretation beides aufeinander beziehen müssen.

2.23 Die gedankliche Normallage des Gedichts

Der gedankliche Aufbau des Gedichts fußt auf drei Aussagen über eine Frau:
1. Du bist schön.
2. Du bist vergänglich.
3. Du bist hartherzig.

Diese Aussagen können als die gedankliche Normallage betrachtet werden.

2.24 Die Figur der Aufzählung

Von den 14 Zeilen des Gedichts beschäftigen sich 12 mit der Behandlung der (kombinierten) Aussagen 1 (Schönheit) und 2 (Vergänglichkeit). Diese Thematik wird schon im Titel angekündigt. Es fällt auf, daß von den 12 Zeilen, die der Aussage „Vergänglichkeit der schönheit“ dienen, 11 Zeilen Einzelheiten formulieren, während die 12. Zeile eine steigernde, aber abstrakte Zusammenfassung des Grundgedankens bietet: „Diß und noch mehr als diß“. Es handelt sich demnach um eine Gedankenfigur.

Die Darbietung der Aussage in der hier vorliegenden Form – Häufung von Detailaussagen mit abschließender (oder, in anderen Fällen, vorausgehender) Zusammenfassung – ist ein Beispiel für die rhetorische Figur der AUFZÄHLUNG (ENUMERATIO).

2.25 Die Figur der Antithese

Die in der Form der Aufzählung (enumeratio) vorgetragenen Aussagen (Zeilen 1–12) stehen in einem bestimmten logischen Verhältnis zum Rest des Gedichts (Zeilen 13 und 14), nämlich dem des Gegensatzes: alles andere muß vergehen, aber das Herz bleibt „bestehen“. Allgemein geht es um die logische, also gedankliche Aufgliederung eines Gesamtgedankens. Es handelt sich demnach um eine Gedankenfigur. Die Wiedergabe eines Gesamtgedankens in Form eines Gegensatzes ist ein Beispiel für die rhetorische Figur der ANTITHESE (ANTÍTHETON).

Auch die Kombination der Grundaussagen 1 und 2 – Vergänglichkeit : Schönheit – hat gemäß den implizierten Wertvorstellungen antithetischen Charakter, so daß die Figur der Antithese den ganzen Gedichttext in vielen seiner Einzelheiten bestimmt.

2.251 Diese Beobachtung läßt sich in Verbindung bringen mit der Versform des Alexandriners und mit der Gedichtform des Sonetts (vgl. Teil Metrik 4.52), die beide in der Poetik des 17. Jahrhunderts als Träger von Gegensätzen geschätzt werden.

Die Wahl dieser metrischen Formen durch Hofmannswaldau ist nicht zufällig. Ihre Beliebtheit im Barock zeigt vielmehr ein Bedürfnis dieser Zeit nach Formelementen dieser Art. Man kann die antithetisch zwischen Lebenslust und Todesschmerz schwankende Haltung, die sich besonders auch auf erotischem Gebiet als Spannung zwischen lockender Schönheit und drohendem Verfall ausdrückt, geradezu als ein kennzeichnendes Element barocker Literatur verstehen.

2.26 Die Figur des Parallelismus

Hofmannswaldau benutzt darüber hinaus – wie seine Zeitgenossen – in reich variierender Formulierungskunst eine Fülle von anderen Figuren. Einige davon sollen anhand eines kurzen Textausschnittes vorgestellt werden:

> [. . .]
> Der liebliche corall der lippen wird verbleichen;
> Der schultern warmer schnee wird werden kalter sand/
> [. . .]

Beide Zeilen besagen inhaltlich das gleiche, lediglich das Demonstrationsobjekt (Lippen, Schultern) wechselt. Auch der syntaktische Aufbau der beiden Sätze ist bei der Reihenfolge Subjektgruppe – Prädikatgruppe gleich. Die für das vorliegende Beispiel charakteristische Form der gleichlaufenden Anordnung des Gedankens ist ein Beispiel für die rhetorische Figur des PARALLELISMUS (ISÓKOLON).

2.27 Die Figuren der Inversion und des Chiasmus

Die Parallelität innerhalb dieses Parallelismus ist jedoch nicht total. In der Subjektgruppe wird die Reihenfolge „lieblicher corall *der lippen*“ (Genitivattribut *nach*gestellt) umgewandelt in die Reihenfolge „*der schultern* warmer schnee“ (Genitivattribut *voran*gestellt). Gleichgültig, welche der beiden Möglichkeiten die Normallage für das 17. Jahrhundert repräsentiert – die jeweils andere, also die Umstellung der gewöhnlichen Reihenfolge der Satzglieder durch Positionswechsel des Genitivattributs, ist ein Beispiel für die rhetorische Figur der INVERSION (ANÁSTROPHE).

Die Wortanordnung, die hier durch das Zusammentreffen einer Wortgruppe in normaler Reihenfolge mit einer Wortgruppe in invertierter Reihenfolge erreicht wird, ist ein Beispiel für die rhetorische Figur der ÜBERKREUZSTELLUNG (CHIASMUS).

2.28 Die Figur der Metonymie

Der hier angetroffene Chiasmus enthält inhaltlich, jeweils im nominativischen Teil der Subjektgruppe, die besonders in der Literatur des Barocks beliebte, meist in erotischem Zusammenhang fungierende Kombination der Farbwerte Rot und Weiß. Die Farbwerte werden jedoch nicht in eigentlicher Form ausgedrückt, also durch das jeweilige Farbwort, sondern uneigentlich, und zwar durch Wörter (Koralle, Schnee), die Naturphänomene bezeichnen, denen als eine ihrer Eigenschaften die jeweiligen Farbwerte Rot (Koralle) und Weiß (Schnee; vgl. dazu auch „bleiche" und „verbleichen", Zeilen 1 und 3) zukommen. Allgemein geht es um die Ersetzung eines Wortes durch ein anderes. Es handelt sich demnach um eine Sprachfigur (vgl. 1.212 und 2.122). Die hier vorliegende Art der Ersetzung eines Wortes durch ein anderes, dessen Bedeutungsinhalt (rote Farbe der Koralle) zu dem eigentlich gemeinten (Farbwert Rot) in einer sachlichen Beziehung steht, ist ein Beispiel für die rhetorische Figur der METONYMIE (METONYMÍA).

2.29 Die Figur des Oxymorons

Die Metonymie geht primär aus von nur *einer* gemeinsamen Qualität bei Gesagtem und Gemeintem. Durch die Assoziation anderer Eigenschaften, die den metonymisch verwendeten Begriffen Koralle und Schnee in ihrem eigenen Wirklichkeitsbereich zukommen, geraten diese Begriffe, anders als das bei den eigentlichen Farbwerten Rot und Weiß hätte der Fall sein können, in ein Spannungsverhältnis zu den ihnen im Text beigelegten Attributen, die aus dem Bereich des eigentlich Gemeinten (Lippen, Schultern) stammen: Die Koralle ist hart, wird aber (nach dem eigentlichen Bezugsfeld „Lippen") als „lieblich"[10] charakterisiert; der Schnee ist kalt, wird aber (nach dem eigentlichen Bezugsfeld „Schulter") als „warm" charakterisiert.

Die Metonymie betrifft also zwar primär nur *eine* Qualität (rot bzw. weiß), läßt aber notwendig das ganze Bedeutungsfeld des neuen Worts mitklingen. Das aus dem Kontext des Gedichts stammende Attribut (lieblich bzw. warm) kann und soll die Aktivierung einer weiteren Qualität aus diesem Feld (hart bzw. kalt) nicht verhindern, die zu ihm im Verhältnis eines paradoxen Widerspruchs steht. Die paradoxe Zusammenfügung zweier sich bis zur Ausschließlichkeit widersprechender Wörter ist ein Beispiel für die rhetorische Figur des OXYMORONS (OXÝMORON).

10 „lieblich" hier mit Nebenbedeutung „zart, weich".

Das Oxymoron kann demnach als eine Antithese von Einzelwörtern bezeichnet werden; es verstärkt den antithetischen Gesamtcharakter des Gedichts. – Man vergleiche dazu auch nach diesem Blick auf zwei Halbzeilen den antithetischen Aufbau ganzer Zeilen (z. B. Zeile 4: „warmer schnee" – „kalter sand").

2.3 Demonstration rhetorischer Figuren und ihrer Leistung am Beispiel eines Werbetextes

2.31 **Text** (siehe gegenüberliegende Seite)

2.32 Gliederung des Textes

Die hier vorliegende Reklameseite[11] läßt sich als Text (vgl. Anm. 3) gliedern in:

- Kopfbalken (K)
- Bild (B)
- Fettdruckzeile (F)
- Werbetext im engeren Sinn mit Slogan (W/S)
- Auszug aus dem Inhaltsverzeichnis des angekündigten Heftes (I)

2.33 Die Figur der Ellipse

Beim vorliegenden Text fällt, was den Wortteil angeht, besonders der durch das Layout hervorgehobene Kopfbalken (K) mit der Formel „SCHÖNER WOHNEN", dem Namen der inserierenden Zeitschrift, auf.

Die Bedeutung der zwei Wörter, die den Zeitschriftentitel bilden, bewegt sich etwa zwischen „Es ist notwendig und erstrebenswert, schöner zu wohnen" (schöner als wer oder was?) und „Sie müssen schöner wohnen!". Das Bedeutungsspektrum liegt also zwischen den Extremen einer (suggerierten) Wunschvorstellung des Rezipienten und einer geradezu befehlsmäßigen Aufforderung des Inserenten. In jedem Falle ist der Zeitschriftentitel gegenüber einer denkbaren Normalformulierung der gemeinten Aussagen, wie gerade die Möglichkeit mehrfacher Umschreibung beweist, um mehrere für das Verständnis wichtige Wörter verkürzt. Es handelt sich demnach um eine Sprachfigur. Sie ist ein Beispiel für die rhetorische Figur der ELLIPSE (ELLÍPSIS).

Eine Folge dieses verkürzenden Verfahrens ist die Unmöglichkeit, eindeutig anzugeben, wie der im Titel enthaltene Gedanke in einem normalen Satz wiedergegeben werden könnte. Allgemein handelt es sich um das Charakteristikum der Dunkelheit (obscuritas; vgl. den entgegengesetzten Begriff perspicuitas 1.242). Die besondere Form einer dunklen Formulierung, bei der dem Rezipienten die Wahl zwischen mehreren Verständnismöglichkeiten gelassen wird, ist ein Beispiel für den Sachverhalt der Mehrdeutigkeit (amphibolía).

---

11 Vorlage in: Der Spiegel. Nr. 27. 26. Jg. 1972. S. 77.

SCHÖNER

WOHNEN

Wir schenken Ihnen mehr Freizeit.

Keine Zeit zu haben ist das Los aller berufstätigen Hausfrauen und Mütter. Irrtum!

Im neuen SCHÖNER WOHNEN-Heft können Sie lesen, wie Sie Ihre Hausarbeit rationalisieren können, um dadurch mehr Freizeit zu gewinnen – einen ganzen Nachmittag in der Woche. Die Serie „Testen Sie Ihr Haushaltstalent" gibt Ihnen eine klare Antwort darauf, wie es um Ihr Haushaltstalent bestellt ist.

Der 14-Stunden-Tag ist passé. Nach dem Motto: Erst denken und planen, dann arbeiten.

SCHÖNER WOHNEN
Ideen, die das Leben schöner machen.

Im Juli-Heft lesen Sie außerdem:

Preiswert einrichten:
Versandhausmöbel sind besser als ihr Ruf

Mühelos umziehen:
Wie die Einbauküche auch in der neuen Wohnung Platz findet.

Unbeschwert erholen:
Blockhäuser für Ferien und Wochenende.

Bequem sitzen:
Rustikale Sessel zwischen 110,— und 1500,— Mark.

Richtig temperieren:
Kleine Klimageräte für jede Wohnung.

Im vorliegenden Fall hat der Rezipient die Wahl zwischen der Auffassung dieser Stelle als einer von innen (Wunsch) oder von außen (Befehl) kommenden Aufforderung zu einer bestimmten Verhaltensweise. Diese beiden einander scheinbar ausschließenden Verständnismöglichkeiten fallen zusammen *rhetorisch* im Begriff der Amphibolie, *sachlich* im Verkaufsinteresse der werbenden Zeitschrift und der durch sie werbenden Industrie. Diese Doppeldeutigkeit wird kaum mehr bewußt wahrgenommen; dadurch dürfte jedoch die unterschwellige Wirksamkeit eher verstärkt werden. Eine vergleichbare mehrdeutige Struktur auf der Basis einer Ellipse findet sich in dem Reklametext wieder

- in dem Auszug aus dem Inhaltsverzeichnis (I) des angekündigten Hefts („Preiswert einrichten" bis „Richtig temperieren"), in dem Sachrubriken in einprägsamem Parallelismus zum Zeitschriftentitel in Einzelaufforderungen umschlagen;
- in dem Slogan (S), mit dem die Zeitschrift sich selbst charakterisiert: „[Diese Zeitschrift enthält/stellt dar/weckt] Ideen, die das Leben schöner machen."

2.34 Die Figur der Wiederholung

Beim vorliegenden Beispiel ist der typographisch durch Fettdruck hervorgehobene Satz „Wir schenken Ihnen mehr Freizeit" (F) als Zentralaussage anzusehen, da sich alle anderen Aussagen (Text [W] und Bild [B]) erläuternd auf ihn beziehen.

Die Zentralaussage wird zweimal im Werbetext (W) aufgegriffen:

- „Keine Zeit zu haben ist das Los aller berufstätigen Hausfrauen und Mütter. Irrtum!"
- „Der 14-Stunden-Tag ist passé. Nach dem Motto: Erst denken und planen, dann arbeiten."

Diese Wiederaufnahme enthält keine neue Information im Sinne der Zentralaussage (F) und ist somit sachlich überflüssig. Sie steht also zu dieser in einem Überschußverhältnis. Der Überschuß betrifft nicht (z. B. durch Verdoppelung eines Worts oder einer Wortgruppe) die sprachliche Formulierung; er beruht vielmehr auf der Aufnahme der Zentralaussage durch (doppelte) Wiederholung ihres Gedankens.

Es handelt sich demnach um eine Gedankenfigur. Sie ist ein Beispiel für die rhetorische Figur der WIEDERHOLUNG (REPETITIO CREBRA SENTENTIAE).

2.35 Die Figur der Erläuterung

Der bisher betrachtete Teil der Reklame umfaßt, selbst wenn man nur den Werbetext (W) berücksichtigt, nur einen untergeordneten Anteil (ca. 30%) dieses Textes. Der weitaus größere Teil des Textes bleibt demnach noch zu behandeln. Er steht zu dem dreimal auftretenden Hauptgedanken im Verhältnis der Modalität: Es wird insofern „mehr Freizeit" versprochen, als Informationen vermittelt werden, mit deren Hilfe der Zeitaufwand für die Erledigung der Hausarbeit herabgesetzt werden kann. Die hier vorliegende Gedankenfigur ist ein Beispiel für die rhetorische Figur der ERLÄUTERUNG (SUBNEXIO).

Ein ähnliches Verhältnis der gegenseitigen Erläuterung besteht übrigens auch zwischen der Zentralaussage (F) und dem Bild (B) (Begriff der Freizeit).

2.351 Die durch mehrfach auftretende Überschußfiguren gekennzeichnete Gesamtstruktur des Textes gehört dem rhetorischen Bereich der Erweiterungstechniken (amplificatio) an. Sie verweist über die Grenzen der elocutio hinaus auf Findung und Anordnung der Gedanken (inventio und dispositio, vgl. 1.242).

2.36 Die Figur des Gemeinplatzes

Dem Überblick über die Gesamtstruktur des Textes soll am Beispiel der dreifachen Formulierung der Zentralaussage eine exemplarische Betrachtung der rhetorischen Detailstruktur folgen.

Auffallendstes Merkmal der zwei Wiederholungen der Zentralaussage ist die Übernahme der Redeweise von Sprichwörtern, Spruchweisheiten u. dgl. Das ist ein Beispiel für die rhetorische Figur des GEMEINPLATZES (LOCUS COMMUNIS).

2.37 Die Figur der Emphase

In sprichwörtlichen Redewendungen findet sich üblicherweise eine allgemein als gültig anerkannte Lebensweisheit formuliert. Der Text greift also eine solche Lebensweisheit als Ausgangspunkt der modifizierenden Gedankenentwicklung auf, deklariert sie aber durch den Zusatz „Irrtum!" als falsch. Er gibt damit zu verstehen, daß er mit einem Vorurteil der Gesellschaft aufräumt. Dem entspricht inhaltlich die Selbstverständlichkeit, mit der er die einseitige und konservative berufliche Fixierung der Frau auf die Rolle einer „Hausfrau und Mutter" erweitert durch die Vorstellung einer weitergehenden Berufstätigkeit.

Der Widerstand gegen ein gesellschaftliches Vorurteil wird freilich nicht eindeutig artikuliert, sondern muß aus dem Kontext erschlossen werden. Diese Verfahrensweise ist ein Beispiel für die rhetorische Figur der EMPHASE (ÉMPHASIS)[12].

Der emanzipierte Anschein, den sich die Zeitschrift mit dieser (emphatisch vertretenen) Haltung gibt, bleibt freilich auf den bloßen Anschein beschränkt. Das gesellschaftliche Problem der Berufstätigkeit der Frau wird nämlich redu-

---

12 Dieser Begriff hängt zwar mit der Wortverwendung des allgemeinen Sprachgebrauchs zusammen, ist aber deutlich von ihm unterschieden. Zur Erläuterung des Zusammenhangs vgl. Lausberg, Heinrich: Elemente der literarischen Rhetorik. Eine Einführung für Studierende der klassischen, romanischen, englischen und deutschen Philologie. 3., durchgesehene Auflage. München 1967. § 209.

ziert auf die fehlende Freizeit, die Lösung dieses Teilproblems wiederum wird reduziert auf den rein technischen Aspekt der Rationalisierung der Hausarbeit.

Die Negation des Vorurteils, die die Zeitschrift in der Kombination der rhetorischen Figuren des aufgehobenen locus communis und der Emphase zu leisten vorgibt, dient in Wirklichkeit einer doppelten Konsumaufforderung: der Leser soll die Zeitschrift und darüber hinaus die in ihr zur Rationalisierung der Hausarbeit angebotenen Gegenstände kaufen. Diese Kaufaufforderung ist im Text nicht direkt ausgesprochen; ihr latentes Vorhandensein spricht dafür, auch dieses Vorgehen als emphatisches Verfahren aufzufassen. Die Verwendung der Emphase als einer rhetorischen Technik der Verschleierung des eigentlich Gemeinten ist hier darin begründet, daß der Werber den offenen Kaufappell als schädlich für seinen Zweck erkennt, da er sich damit in eine werbepsychologisch schwache Position begeben würde. Er muß es vielmehr darauf anlegen, daß der Adressat der Werbung die Kaufaufforderung weniger erkennt als aufgrund eigener Assoziationstätigkeit beherzigt. Der Konsument wird also nicht mehr aufgefordert, sondern es wird ihm *suggeriert* zu kaufen.

Bezeichnendes Indiz für die generell emphatische Sprechweise dieses Textes ist die Verhüllung der Verkaufsabsicht durch die Verheißung eines bedeutenden *Geschenks.* Hieraus läßt sich ableiten, daß die emphatische Sprechweise der Werbung eine direkte Äußerungsform ihrer manipulativen Absicht ist.

3 Anleitung zur Identifizierung rhetorischer Figuren

3.1 Vorüberlegung

Wer rhetorische Textanalyse leisten will, muß in der Lage sein, Einzelheiten der rhetorischen Strukturierung von Texten zu erkennen und zu benennen. Das ist nur möglich mit Hilfe von Identifikationsmitteln, die es erlauben, einerseits den zunächst undifferenzierten Text, andererseits die zunächst undifferenzierte Fülle der rhetorischen Terminologie systematisch zu erfassen.

In diesem Kapitel werden – mit Ausnahme von Exempel 8 – auf der Grundlage der schon untersuchten Beispiele solche Identifikationsmittel zusammengestellt. Die Untersuchung dieser Beispiele hat sich beschränkt auf den ornatus (vgl. 1.242 und 2.1). Entsprechend beschränkt sich die folgende Zusammenstellung von Identifikationsmitteln ebenfalls auf den ornatus. Wichtigster Bestandteil des ornatus sind die rhetorischen Figuren (vgl. 2.1); als Hilfsmittel zu ihrer Identifizierung wird im folgenden eine Tabelle entwickelt.

Die Bestandteile der Tabelle leiten sich ab aus folgenden Büchern Heinrich Lausbergs:

- Elemente der literarischen Rhetorik. Eine Einführung für Studierende der klassischen, romanischen, englischen und deutschen Philologie. 3., durchgesehene Auflage. München 1967. (Künftig zitiert als „Elemente“ bzw. in der Tabelle als „E“.)
- Handbuch der literarischen Rhetorik. Eine Grundlegung der Literaturwissenschaft. München 1960. (Künftig zitiert als „Handbuch“ bzw. in der Tabelle als „H“.)

Die in diesen Büchern enthaltenen Informationen sind zugänglich vom Terminus aus. Wer also z. B. in einem wissenschaftlichen Text auf einen rhetorischen Terminus stößt, kann über den Index (im „Handbuch“ über den Registerband) leicht die zugehörigen Informationen auffinden. Wer dagegen einen Text rhetorisch zu analysieren hat, ohne schon rhetorische Termini zur Verfügung zu haben, steht vor dem Problem, sprachliche und gedankliche Eigentümlichkeiten des Textes rhetorisch zu klassifizieren und zu benennen. In einem solchen Fall – und er ist für den Anfänger die Regel – helfen also die Bücher Lausbergs ebensowenig wie ähnliche Lehrbücher der Rhetorik. Ohne Vorkenntnisse bleibt man darauf angewiesen, entweder die Bücher so lange durchzublättern, bis man auf eine Definition stößt, die der erkannten Eigentümlichkeit entspricht, oder man muß sich mehr oder weniger blindlings einige Begriffe einprägen. Die einzuführende Tabelle erspart dem Anfänger diese Schwierigkeiten.

3.2 Einführung der Tabelle

3.21 Bestandteile der Tabelle

Zunächst werden als Identifikationsmittel Beschreibungskriterien bereitgestellt, die es ermöglichen, die Art der Abweichung eines Textdetails von gedanklicher oder sprachlicher Normallage zu erkennen und zu beschreiben. Diese Beschreibungskriterien entstammen dem Lausbergschen System und ermöglichen also eine Orientierung in den „Elementen" und im „Handbuch". Sie werden zusammengefaßt zu Ordnungskategorien, deren Koordination das Gerüst der Tabelle ergibt.

3.22 Erste Ordnungskategorie der Tabelle

Der prinzipielle Sachverhalt, daß es Rhetorik mit Gedanken und Sprache zu tun hat (vgl. 1.212), läßt sich nutzbar machen für die Ableitung einer der beiden Ordnungskategorien. Diese ermöglicht es, das zu identifizierende Text-Phänomen dem rhetorischen Bereich der Gedanken oder der Sprache zuzuweisen, wobei der Bereich der Sprache in die Unterbereiche Einzelwort (verbum singulum) und Wortgruppe (verba coniuncta) zu gliedern ist. Für die Tabelle lassen sich die Bereiche „Gedanken" und „Sprache" zu der Ordnungskategorie „Identifikationsbereiche" zusammenfassen (Abb. 6).

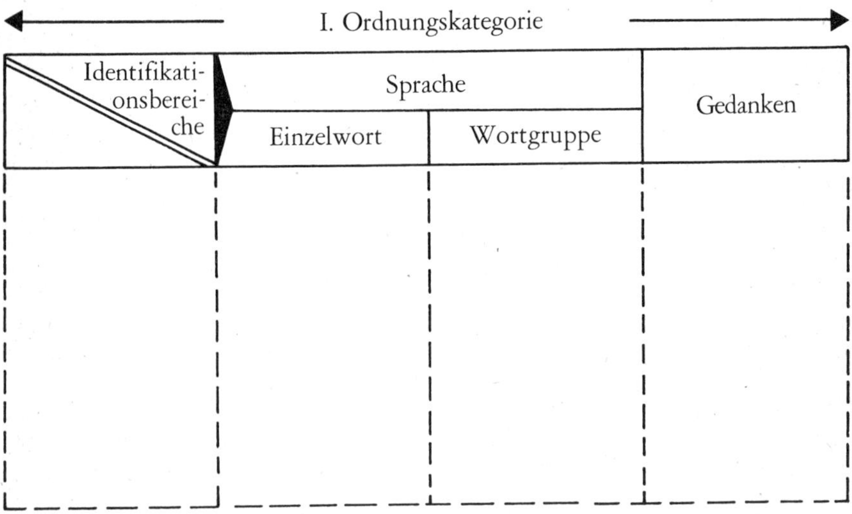

Abb. 6

3.23 Zweite Ordnungskategorie der Tabelle

Die zweite Ordnungskategorie läßt sich ableiten aus dem Vergleich des zu identifizierenden Text-Phänomens mit der gedanklichen bzw. sprachlichen Normalform (vgl. 2.121). Die Abweichung von der Normalform läßt sich beschreiben nach vier Arten der Änderung:

- Redundanz des sprachlichen Ausdrucks und der Gedanken (Überschuß/adiectio);
- Unvollständigkeit des sprachlichen Ausdrucks und der Gedanken (Defizit/detractio);
- Umstellung von Elementen des sprachlichen Ausdrucks und der Gedanken (Anordnung/ordo);
- Ersatz von Elementen des sprachlichen Ausdrucks und der Gedanken (Übertragung/immutatio).

Für die Tabelle lassen sich diese vier Änderungsarten zu der Ordnungskategorie „Identifikationsmerkmale“ zusammenfassen (Abb. 7).

← I. Ordnungskategorie →

↑ II. Ordnungskat. ↓

Identifikationsbereiche / Identifikationsmerkmale	Sprache		Gedanken
	Einzelwort	Wortgruppe	
Überschuß (adiectio)			
Defizit (detractio)			
Anordnung (ordo)			
Ersatz/Übertragung (immutatio)			

Abb. 7

3.24 Koordination der beiden Ordnungskategorien

Durch die Koordination dieser beiden Ordnungskategorien werden, soweit sachlich möglich, jedem Identifikationsbereich alle Identifikationsmerkmale zugeordnet.

Naturgemäß kann es im Identifikationsbereich „Einzelwort“ weder Überschuß noch Defizit noch eine Umstellung geben. Außerdem ist die Änderungsart „Ersatz/Übertragung (immutatio)“ nicht für den Identifikationsbereich „Wortgruppe“ möglich: Es gibt nur (Einzel-)Wort-Ersatz und Gedanken-

Ersatz. Die entsprechenden Felder der Tabelle können demzufolge keine Hinweise auf Figuren enthalten (Abb. 8).

Identifikationsbereiche / Identifikationsmerkmale	Sprache		Gedanken
	Einzelwort	Wortgruppe	
Überschuß (adiectio)			
Defizit (detractio)			
Anordnung (ordo)			
Ersatz/Übertragung (immutatio)			

Abb. 8

3.25 Tabelle

Wo Zuordnungsmöglichkeiten bestehen, wird als nächster Schritt in die Tabelle die bei Lausberg auf die jeweilige Zuordnungsmöglichkeit entfallende Paragraphengruppe eingesetzt, in welcher der Einzelparagraph enthalten ist, der die Identifikation des je in Frage stehenden Textphänomens leistet (Abb. 9).

Identifikationsbereiche / Identifikationsmerkmale	Sprache		Gedanken
	Einzelwort	Wortgruppe	
Überschuß (adiectio)		E §§ 240–316 H §§ 607–687	E §§ 364–406 H §§ 858–879
Defizit (detractio)		E §§ 317–328 H §§ 688–711	E §§ 407–411 H §§ 880–889
Anordnung (ordo)		E §§ 329–362 H §§ 712–754	E §§ 412–415 H §§ 890–892
Ersatz/Übertragung (immutatio)	E §§ 170–236 H §§ 552–598		E §§ 416–447 H §§ 893–910

Abb. 9

Der Vorteil der nun entwickelten, überschaubaren Tabelle besteht in der Ersparnis eines sonst beträchtlichen Arbeitsaufwandes.

Aus praktischen Gründen – auch für spätere selbständige Arbeit – wird diese Tabelle als Ausklapptabelle am Schluß der Einführung beigefügt.

3.3 Demonstration der Identifizierung rhetorischer Figuren

Im folgenden soll demonstriert werden, wie man die Tabelle als Hilfsmittel verwendet, um rhetorische Figuren zu identifizieren.

3.31 Exempel 1

Pompidou benutzte in seiner Pressekonferenz folgende Formulierung:

Sie können sich wohl denken, daß ich nicht hinfahre, um den Segen von Breschnjew zu erbitten. Ich glaube, daß wir, im Gegensatz zu Marchais, nicht derselben Kirche angehören.

Die rhetorische Analyse dieses Textes beginnt mit der Beobachtung, daß es kaum sinnvoll sein dürfte, im Hinblick auf den Kommunisten Breschnjew von (kirchlichem) Segen und von Kirche in wörtlichem Sinne zu sprechen (vgl. 1.11). Es steht somit das Einzelwort „Segen“ für das Einzelwort „Billigung“ o. ä., das Einzelwort „Kirche“ (mit dem Implikat des Führungsanspruchs Roms) für das Einzelwort „Partei“ o. ä. (mit dem Implikat des Führungsanspruchs Moskaus). Von der Normalform her gesehen, werden also Elemente des sprachlichen Ausdrucks (Billigung bzw. Partei) ersetzt. Damit sind zwei Bestimmungen gefunden, die eine Identifikation der vorliegenden rhetorischen Figur erlauben: „Sprache“ und „Ersatz“. „Sprache“ kann nach Lage der Dinge hier nur „Einzelwort“ meinen. Über die entsprechenden Untergliederungen der Ordnungskategorien „Identifikationsbereiche“ und „Identifikationsmerkmale“ findet man in der Tabelle ein Feld, das für das hier zu identifizierende rhetorische Phänomen auf die §§ 170–236 „Elemente“; §§ 552–598 „Handbuch“ hinweist (Abb. 10).

3.32 Exkurs: Simulation der Suche nach einem rhetorischen Terminus

Am vorliegenden Fall wird die Durchsicht der je für Lausbergs „Elemente“ und „Handbuch“ in der Tabelle angegebenen Paragraphen mit dem Ziel, rhetorische Phänomene eines Textes zu benennen, simuliert. Dabei sollen zusätzlich zu der beträchtlichen Eingrenzung der Gesamtzahl der Paragraphen durch das betreffende Tabellenfeld weitere Hilfestellungen für die rationelle Benutzung beider Bücher gegeben werden. Ebenfalls im Sinne einer Hilfestellung soll auf charakteristische Schwierigkeiten bei diesem Verfahren, die in Lausbergs Konzeption begründet liegen, hingewiesen werden.

Identifikationsbereiche / Identifikationsmerkmale	Sprache		Gedanken
	Einzelwort	Wortgruppe	
Überschuß (adiectio)		E §§ 240–316 H §§ 607–687	E §§ 364–406 H §§ 858–879
Defizit (detractio)		E §§ 317–328 H §§ 688–711	E §§ 407–411 H §§ 880–889
Anordnung (ordo)		E §§ 329–362 H §§ 712–754	E §§ 412–415 H §§ 890–892
Ersatz/Übertragung (immutatio)	E §§ 170–236 H §§ 552–598		E §§ 416–447 H §§ 893–910

Abb. 10

3.321 Durchsicht der Paragraphen-Gruppe der „Elemente"

Für die „Elemente" nennt das betreffende Feld der Tabelle die §§ 170–236. Einer der zweckmäßigen Wege zur Bestimmung des in Frage stehenden rhetorischen Phänomens besteht darin, diese Paragraphengruppe vom Anfang bis zur Ermittlung eines Paragraphen, der die Bestimmung des rhetorischen Phänomens ermöglicht, durchzusehen.

Der § 170 behandelt die Synonyme. Im § 169, 2a, auf den der § 170 verweist, wird ein Synonym definiert als ein „Wortkörper, der von vornherein den gleichen Wortinhalt hat wie das ersetzte Wort".

169. Die Abweichung von der *puritas* und von der *perspicuitas* (§ 168) betrifft:

1) in der Dichtung die Teile des Wortkörpers (§§ 118–124);

2) in der Dichtung und in der Prosa den Wortkörper als Ganzes. Das *verbum proprium et univocum* (§ 168) kann ersetzt (*immutatio*: § 62) werden:

a) durch einen Wortkörper, der von vornherein den gleichen Wortinhalt hat wie das ersetzte Wort (§§ 153–156), also durch ein Synonym (§§ 170–173);

b) durch einen Wortkörper, der nicht von vornherein den gleichen Wortinhalt hat wie das ersetzte Wort (§§ 157–159), also durch einen Tropus (§§ 174–236).

1) synonyma (§§ 170–173)

170. Die Möglichkeit des Ersatzes (*immutatio*) des *verbum proprium et univocum* (§ 168) durch ein Synonym (§ 169, 2a) ist abhängig:

1) hinsichtlich des *verbum proprium* (§ 111) von der Verfremdungs-Erwartung (§ 88) des Hörenden;

2) hinsichtlich des *verbum univocum* (§ 138) von der Verfremdungs-Erwartung (§ 88) und vom Genauigkeits-Anspruch (§ 154) des Hörenden.

Da die zitierte Bestimmung sowohl auf das Verhältnis der (Einzel-)Wörter „Kirche“ und „Partei“ als auch auf das Verhältnis der (Einzel-)Wörter „Segen“ und „Billigung (der politischen Linie)“ nicht zutrifft, kann das hier betrachtete rhetorische Phänomen nicht ein Synonym sein.

Da – wie aus der Angabe hinter dem Stichwort „synonyma“ in der Überschrift hervorgeht – auch die Paragraphen bis 173 die Synonyme behandeln, scheidet die gesamte Paragraphenfolge 170 bis 173 für die weitere Suche aus.

2) tropi (§§ 174–236)

174. Der *tropus* (τρόπος) ist die ›Wendung‹ (τρέπεσθαι) des semantischen Zeichen-Pfeiles eines Wortkörpers vom ursprünglichen Wortinhalt weg zu einem anderen Wortinhalt. Die Hauptfunktion der Tropen ist die dem *ornatus* funktionell zukommende Verfremdung (§ 164).

In dem Satz ›Achill ist ein Löwe‹ mit dem Satzinhalt ›Achill ist ein wilder Krieger‹ ist der Wortkörper ›Löwe‹ von seinem ursprünglichen Wortinhalt (›Raubtier mit diesen und jenen Merkmalen‹) abgewendet und einem neuen Wortinhalt (›wilder Krieger‹) zugewendet worden.

Geläufiger ist die Auffassung des gleichen Vorgangs als *immutatio* (§ 62): der Wortkörper ›Löwe‹ ersetzt den Wortkörper ›wilder Krieger‹.

175. Der Ersatz (*immutatio*: §§ 169, 2b; 174) eines einem auszudrückenden Inhalt zugeordneten *verbum proprium et univocum* (§ 168) durch einen nicht von vornherein synonymen Wortkörper (§ 169, 2b) wird aus den durch die *loci* (§ 41) aufgeteilten Inhaltsbereichen genommen. Es werden zwei umfassendere Inhaltsbereiche unterschieden:

1) Der tropisch verwendete Wortkörper (§ 174) kann aus einem Inhaltsbereich genommen werden, der dem des zu ersetzenden Wortkörpers (›Krieger‹) unmittelbar benachbart ist (›Mann‹). Tropen dieser Art heißen ›Grenzverschiebungs-Tropen‹ (§§ 184–225).

2) Der tropisch verwendete Wortkörper (§ 174) kann aus einem Inhaltsbereich genommen werden, der dem des zu ersetzenden Wortkörpers (›Krieger‹) nicht unmittelbar benachbart ist (›Löwe‹; § 174). Tropen dieser Art heißen ›Sprung-Tropen‹ (§§ 226–236).

3) Während die oben (§ 175, 1–2) zusammengefaßten Tropen im Kontext durchaus eine semantische Brücke kennen, die sich als Aussagesatz konkretisieren läßt (§ 183, 1), ist die Metalepse (§ 173) ein Tropus, der seine Verfremdung außerhalb des Kontextes in der zufälligen Synonymität eines Wortkörpers sucht.

Der anschließende § 174 der „Elemente“ behandelt laut Stichwort in der Überschrift die „tropi“. Die hinter dem Stichwort angegebenen Paragraphen (§§ 174–236) umfassen den ganzen Rest der in der Tabelle angegebenen Paragraphen. Daraus läßt sich, unterstützt durch den Plural, schließen, daß „tropi“ ein Oberbegriff ist, der eine Reihe von Einzelfiguren zusammenfassend bezeichnet.

Aus den §§ 174 und 175 lassen sich folgende Angaben zum Charakter eines Tropus gewinnen:

- er bedeutet die Wendung (griech. tropos = Wendung) von einem „ursprünglichen Wortinhalt“ zu einem „neuen Wortinhalt“;
- er bedeutet den „Ersatz [. . .] eines einem auszudrückenden Inhalt zugeordneten *verbum proprium* [. . .] durch einen nicht von vornherein synonymen Wortkörper“.

Diese Bestimmungen treffen grob genommen den zu beschreibenden Sachverhalt: das verbum proprium „Kirche“ ist „von seinem ursprünglichen Wortinhalt“ weg „einem neuen Wortinhalt“ (Partei) zugewendet, oder mit der zweiten Formulierung: der auszudrückende politische Inhalt wird nicht durch das „zugeordnete *verbum proprium*“ (Partei) ausgedrückt, sondern dieses wird durch das Nicht-Synonym „Kirche“ ersetzt.

Der § 175 enthält eine wichtige weiterführende Angabe: er gliedert den Gesamtbereich der Tropen in

- Grenzverschiebungstropen; diesen werden die §§ 184–225 zugeordnet;
- Sprungtropen; diesen werden die §§ 226–236 zugeordnet.

Den Grenzverschiebungstropen wird ein „Inhaltsbereich“ zugewiesen, „der dem des zu ersetzenden Wortkörpers [. . .] unmittelbar benachbart ist“. Diese Bestimmung trifft auf das hier in Frage stehende Verhältnis des Inhaltsbereichs „Kirche“ zu dem Inhaltsbereich „Partei“ nicht zu.

Den Sprungtropen wird ein „Inhaltsbereich“ zugewiesen, „der dem des zu ersetzenden Wortkörpers [. . .] nicht unmittelbar benachbart ist“. Diese Bestimmung trifft auf das hier in Frage stehende Verhältnis des Inhaltsbereichs „Kirche“ zu dem Inhaltsbereich „Partei“ zu.

Es gilt nun also in einem letzten Schritt, die §§ 226–236 nach der Formulierung zu durchsuchen, die den vorliegenden Sachverhalt genau bezeichnet.

Der § 226 gliedert die Sprungtropen nach dem Verhältnis „zwischen der *proprie*-Bedeutung des ersetzten Wortes [. . .] und der *proprie*-Bedeutung des tropisch ersetzenden Wortes“. Er sieht zwei Formen des Verhältnisses vor:

- „[. . .] entweder das Verhältnis des Abbildes“; dafür wird auf die §§ 228–231 verwiesen;
- „[. . .] oder das Verhältnis des Gegensatzes“; dafür wird auf die §§ 232–234 verwiesen.

Das Verhältnis zwischen der proprie-Bedeutung des Wortes „Partei“ und der proprie-Bedeutung des Wortes „Kirche“ ist nicht als Verhältnis des Gegensatzes, sondern als Verhältnis des Abbildes aufzufassen.
Es bleiben demnach die §§ 228–231 zu befragen.

α) metaphora (§§ 228–231)

228. Die *metaphora* (*translatio*; μεταφορά) ist der Ersatz (*immutatio*: § 174) eines *verbum proprium* (›Krieger‹) durch ein Wort, dessen eigene *proprie*-Bedeutung mit der des ersetzten Wortes in einem Abbild-Verhältnis (*similitudo*: § 401) steht (›Löwe‹: § 226).

Die Metapher wird deshalb auch als ›gekürzter Vergleich‹ definiert, in dem das Verglichene mit dem Abbild in eins gesetzt wird. Dem Vergleich (*similitudo*) ›Achill kämpfte wie ein Löwe‹ entspricht die Metapher ›Achill war ein Löwe in der Schlacht‹.

229. Beispiele: Arist. Pax 1189 οἴκοι μὲν λέοντες, ἐν μάχῃ δ'ἀλώπεκες (Petron. 44, 4 *domi leones, foris vulpes*). – Fr. *lion* ›homme hardi et courageux‹, *renard* ›homme rusé‹; engl. *lion* ›courageous person‹, *fox* ›a crafty man‹; it. *leone* ›uomo forte e coraggioso‹, *volpe* ›persona astutissima e malizioa‹; sp. *león* ›hombre audaz, imperioso y valiente‹, *zorra* ›persona astuta y solapada‹.

230. Die Metaphern als Wort-Tropen gehören jeweils umfassenderen Bildfeldern an, in denen jeweils zwei Seinsbereiche abbildartig einander zugeordnet werden. Die Bildfelder realisieren sich breiter in der Gedankenfigur der Allegorie (§ 423).

231. Ist der vom Redenden bei einer Metapher gewählte Bildfeld-Zusammenhang (§ 230) in der *consuetudo* (§ 104) des sozialen Milieus (*aptum*: § 464) oder des *genus elocutionis* (§ 465) ungewöhnlich, die Verfremdung (§§ 84; 162) also sehr groß, so gilt die Metapher als ›weit hergeholt‹ (*simile longe ductum*): eine solche Metapher gehört dem *audacior ornatus* (§ 90) an.

Die §§ 228–231 beschreiben die Metapher.
Es handelt sich also in dem betrachteten Satz Pompidous um METAPHERN (METAPHORAE).

3.322 Durchsicht der Paragraphen-Gruppe des „Handbuchs"

Für das „Handbuch" nennt das betreffende Feld der Tabelle die §§ 552–598. Einer der zweckmäßigen Wege zur Bestimmung des in Frage stehenden rhetorischen Phänomens besteht darin, diese Paragraphen-Gruppe vom Anfang bis zur Ermittlung eines Paragraphen, der die Bestimmung des rhetorischen Phänomens ermöglicht, durchzusehen.

III') *Tropi* (§§ 552–598)

552. Der *tropus* (Quint. 8, 6, 1), τρόπος (Trypho trop. p. 191, 5; Cic. Brut. 17, 69; s. LSc) wird definiert als *verborum immutatio* (Cic. Brut. 17, 69); vgl. Tryph. trop. p. 191, 12 τρόπος δέ ἐστι λόγος κατὰ παρατροπὴν τοῦ κυρίου λεγόμενος κατά τινα δήλωσιν κοσμιωτέραν ἢ κατὰ τὸ ἀναγκαῖον (s. § 533).

Es wird also aus der *copia verborum* (s. § 462, 4) ein Wort genommen und an die Stelle eines im natürlichen Satz- und Sinnzusammenhang stehenden Wortes gesetzt. Eine solche *immutatio* liegt im Grunde auch schon bei der Synonymenauswahl (s. § 542) vor, die semantisch einander nahestehende Wörter (Quint. 10,

1, 13 *ex proximo mutuari libet*) betrifft. Der *tropus* als *immutatio* setzt ein semantisch nicht verwandtes Wort an die Stelle eines *verbum proprium*. Der *tropus* ist somit eigentlich eine *improprietas*: Quint. 9, 1, 4 *est ... tropos sermo a naturali et principali significatione translatus ad aliam ornandae orationis gratia, vel, ut plerique grammatici finiunt, dictio ab eo loco, in quo propria est, translata in eum, in quo propria non est*. Die semantische *voluntas* (s. § 204) des Sprechers meint aber mit dem neueingesetzten Wort im Satzzusammenhang die Bedeutung des verdrängten Wortes: der *tropus* gibt also dem tropisch angewandten Wort eine neue Bedeutung, und zwar vonseiten des Sprechers durch die semantische *voluntas*, die vonseiten des Hörenden durch den Satz- und Situationszusammenhang erkennbar ist. Man kann den Tropus deshalb vom tropisch angewandten (also nicht vom verdrängten) Wort her definieren als *verbi vel sermonis* (s. § 893) *a propria significatione in aliam cum virtute mutatio* (Quint. 8, 6, 1): der Tropus ist eine ›Wendung‹ der Bedeutung, und zwar *cum virtute*, also nicht als *vitium* der *improprietas* (s. § 533). Zum zweistufigen Tropus s. § 1244, *tropus*, V.

Der Tropus dient dem *ornatus* und wegen der Verschleierung der semantischen *voluntas* besonders der intellektuellen Verhinderung des *taedium* (s. § 257): Isid. 1, 37, 1–2 *tropos Graeco nomine Grammatici vocant, qui Latine modi locutionum interpretantur; fiunt autem a propria significatione ad non propriam similitudinem; ... ‹tropi› ad ea, quae intellegenda sunt, propterea figuratis amictibus obteguntur, ut sensus legentis exerceant et ne nuda atque in promptu vilescant*. – S. auch § 556. Cf. § 1244, *tropus* III (Signal), IV (Bibliogr.).

Der Paragraph 552 behandelt den tropus und bestimmt ihn wie folgt: „Der *tropus* als *immutatio* setzt ein semantisch nicht verwandtes Wort an die Stelle eines *verbum proprium*." Diese Bestimmung trifft grob genommen den zu beschreibenden Sachverhalt: An die Stelle des verbum proprium „Partei" wird das semantisch nicht verwandte Wort „Kirche" gesetzt.

Ein weiterführender Befund besteht darin, daß der Terminus tropus ein Oberbegriff ist, der eine Reihe von Einzelfiguren zusammenfassend bezeichnet. Dieser Befund ergibt sich aus der Vielzahl der hinter dem Stichwort „*Tropi*" in der Überschrift angegebenen Paragraphen (§§ 552–598), die die gesamte in dem Feld der Tabelle angegebene Paragraphen-Gruppe umfaßt. Diese Annahme wird gestützt durch die Pluralform des Terminus.

Trotz des großen Umfangs der hinter dem Stichwort tropus in der Überschrift genannten Paragraphen-Gruppe wird der Oberbegriff tropus als solcher lediglich in den §§ 552–557 behandelt. Es ist demnach anzunehmen, daß ab § 558 unter den Oberbegriff tropus fallende rhetorische Einzelfiguren behandelt sind.

Als nächster Schritt sind also die Paragraphen ab § 558 nach der Formulierung zu durchsuchen, die den vorliegenden rhetorischen Sachverhalt genau bezeichnet.

A′) *metaphora* (§§ 558–564)

558. Die *metaphora* (Quint. 8, 6, 8), μεταφορά (Tryph. trop. p. 191, 24), *translatio* (Quint. 8, 6, 4; Her. 4, 34, 45) wird als die *brevitas*-Form des Vergleichs erklärt: Quint. 8, 6, 8 *metaphora brevior est similitudo, eoque distat, quod illa comparatur rei quam volumus exprimere, haec pro ipsa re dicitur; comparatio est, cum dico fecisse quid hominem ›ut leonem‹; translatio, cum dico de homine ›leo est‹*; Cic. de or. 3, 39, 157 ⟨*tralatio*⟩ *similitudinis est ad verbum unum contracta brevitas, quod verbum in alieno loco tamquam in suo positum, si agnoscitur, delectat; si simile nihil habet, repudiatur*; Ar. rhet. 3, 4 p. 1406 b, 20 ἔστι δὲ καὶ ἡ εἰκὼν μεταφορά· διαφέρει γὰρ μικρόν· ὅταν μὲν γὰρ εἴπῃ τὸν Ἀχιλλέα »ὡς δὲ λέων ἐπόρουσεν« (cf. Il. 20, 164), εἰκών ἐστιν· ὅταν δὲ »λέων ἐπόρουσε«, μεταφορά· διὰ τὸ γὰρ ἄμφω ἀνδρείους εἶναι, προσηγόρευσεν μετενέγκας λέοντα τὸν Ἀχιλλέα. Cf. § 1244, *metaphora*.

Zwischen der metaphorischen Bezeichnung und dem so Bezeichneten muß also eine *similitudo* bestehen. Im aristotelischen System (s. § 555) entsprechen die semantischen Beziehungen ›von der Species zu einer Species‹ sowie ›nach der Analogie‹. Da die *similitudo* keine Grenzen kennt, stehen auch der Metapher alle Möglichkeiten offen: Cic. de or. 3, 40, 161 *nihil est enim in rerum natura, cuius nos non in aliis rebus possimus uti vocabulo et nomine; unde enim simile duci potest – potest autem ex omnibus –, indidem verbum unum, quod similitudinem continet, tralatum lumen afferet orationi.* Trotzdem gibt es natürlich Gegenstände, zwischen denen die *similitudo* kleiner ist denn die *dissimilitudo* (Cic. de or. 3, 40, 162 *est fugienda dissimilitudo*). Selbst eine wirkliche *similitudo* kann zu weit hergeholt sein: Quint. 8, 6, 17 *sunt et durae, id est a longinqua similitudine ductae, ut ›capitis nives‹* (›weiße Haare‹); Cic. de or. 3, 41, 163 *videndum est ne longe simile sit ductum.* Zu weit hergeholte, ›gewagte‹ Metaphern sollen durch eine der Vorsichtsformeln (*›ut ita dicam‹*, *›si licet dicere‹*, usw.; s. § 549) eingeführt werden: Quint. 8, 3, 37 *quod idem etiam in iis quae licentius translata erunt proderit;* Cic. de or. 3, 41, 165 *›ut ita dicam‹*. – Die drei Ähnlichkeitsgrade (s. §§ 420, 423) ergeben für die Metapher: 1) das *simile*, das auftreten kann als a) *totum simile*, und zwar α) bildlos (s. § 898) und β) bildhaft (wo der eigentliche Bereich der Metapher liegt: § 559); – b) *impar*, und zwar – α) Cic. de or. 3, 41, 164 *maius quam res postulet: ›tempestas comissationis* (cf. § 564)‹; – β) Cic. ibid. *minus ⟨quam res postulet⟩: ›comissatio tempestatis‹* (wohin analog auch die dem *aptum* widersprechende [s. § 1074, 2] *translatio humilis, sordida, deformis* zu rechnen ist: s. § 564); – 2) das *dissimile* (v. p. 285: *dissimilitudo*); – 3) das *contrarium*, das der Ironie entspricht (s. § 582).

Die Metapher hat gegenüber der *similitudo* (s. § 843) die *virtus brevitatis* voraus (Cic. de or. 3, 39, 158): durch die *brevitas* ist die Metapher ›dunkler‹, aber auch drängend-unmittelbarer als der ausgeführte Vergleich. Damit aber stellt die Metapher an die Aufnahmefähigkeit des Publikums höhere Ansprüche.

Die Erklärung der Metapher aus dem Vergleich (s. oben) ist im übrigen nur eine nachträgliche rationale Deutung der urtümlich-magischen Gleichsetzung der metaphorischen Bezeichnung mit dem Bezeichneten: ›er ist ein Löwe in der Schlacht‹ (Quint. 8, 6, 9 ›*leo est*‹) bedeutet urtümlich-magisch: ›der Kämpfer war ein wirklicher Löwe, er hatte Löwennatur angenommen‹. Die Metapher ist ein urtümliches Relikt der magischen Identifizierungsmöglichkeit, die nunmehr ihres religiös-magischen Charakters entkleidet ist und zum poetischen Spiel geworden ist. Freilich birgt auch dieses poetische Spiel noch evozierend-magische Wirkungen, die ein Dichter aktualisieren kann. – Auch die metaphorische Katachrese ist ein urtümliches Relikt, und zwar in der Alltagssprache (s. § 562), ebenso die *genera* des Substantivs (s. Havers p. 101 s.).

Der § 558 behandelt die metaphora. Nach Stellenwert und Kennzeichnung in Lausbergs Systematik – „A') *metaphora*" – muß sie die erste Einzelfigur unter dem Oberbegriff des tropus sein.

Als einer der Tropen besitzt die metaphora das Identifikationsmerkmal der immutatio. Die Bestimmung ihres Identifikationsbereichs ist schwieriger, da Lausberg weitgehend lateinische und griechische Definitionen der metaphora heranzieht. Aus den antiken Zitaten geht jedoch auch für den, der über geringe Kenntnisse des Griechischen und Lateinischen verfügt, hervor, daß die Metapher ein Beispiel für einen tropus aus dem Bereich der Einzelwörter ist. Außerdem muß bei der Metapher gemäß § 558 zwischen „der metaphorischen Bezeichnung und dem so Bezeichneten [. . .] eine *similitudo* bestehen".

Das vorliegende rhetorische Phänomen erfüllt alle diese Kriterien: Es wird das *Einzelwort* „Partei" durch das zu ihm im Verhältnis der *Ähnlichkeit* stehende *Einzelwort* „Kirche" *ersetzt*. Gleiches gilt für die politische Beziehung der Wörter „Segen" und „Billigung (der politischen Linie)".

Es handelt sich also in dem betrachteten Satz Pompidous um METAPHERN (METAPHORAE).

3.323 Der Weg, der zum Auffinden eines rhetorischen Terminus bei Lausberg führt, wird ab jetzt nicht mehr in der gleichen Ausführlichkeit gezeigt werden; vermerkt werden nur wichtige Schritte und die Ergebnisse.

3.33 Exempel 2

In Hofmannswaldaus Sonett „Vergänglichkeit der schönheit" (vgl. 2.2) werden die Aussagen „Du bist schön" und „Du bist sterblich" auf Einzelaussagen von insgesamt zwölf Zeilen Umfang ausgeweitet. Es liegt demnach ein Formulierungsüberschuß vor. Es handelt sich um einen Überschuß nicht an Gedanken, sondern nur an sprachlicher Ausgestaltung.

Damit sind zwei Bestimmungen gefunden, die die Identifizierung der vorliegenden rhetorischen Figur erlauben: „Überschuß" und „Sprache". Da ein Überschuß im Bereich der Einzelwörter nicht möglich ist, kommt in der Ordnungskategorie „Identifikationsbereiche" die Untergliederung „Wortgruppe" in Betracht. Sie führt zusammen mit der Untergliederung „Überschuß" aus der

Identifikationsmerkmale \ Identifikationsbereiche	Sprache		Gedanken
	Einzelwort	Wortgruppe	
Überschuß (adiectio)		E §§ 240–316 H §§ 607–687	E §§ 364–406 H §§ 858–879
Defizit (detractio)		E §§ 317–328 H §§ 688–711	E §§ 407–411 H §§ 880–889
Anordnung (ordo)		E §§ 329–362 H §§ 712–754	E §§ 412–415 H §§ 890–892
Ersatz/Übertragung (immutatio)	E §§ 170–236 H §§ 552–598		E §§ 416–447 H §§ 893–910

Abb. 11

Ordnungskategorie „Identifikationsmerkmale" zu einem Feld der Tabelle, das auf die §§ 240–316 „Elemente"; §§ 607–687 „Handbuch" hinweist (Abb. 11).

Bei der Durchsicht der in dem Feld „Überschuß"/„Wortgruppe" angegebenen Paragraphen findet man in den §§ 248–305 „Elemente"; §§ 669–674 „Handbuch" die Angabe, daß die Darbietung eines Ganzen durch die häufende Benennung seiner Teile Aufzählung (enumeratio) heißt.

Es handelt sich also in dem Gedicht Hofmannswaldaus bei der Form der Detailaussagen „Du bist schön" und „Du bist sterblich" sowie bei der Form der Gesamtaussage „Vergänglichkeit der schönheit" um AUFZÄHLUNGEN (ENUMERATIONES).

3.34 Exempel 3

Die in der Form der Aufzählung vorgetragenen Aussagen (Zeilen 1–12) stehen zu der Aussage der beiden übrigen Zeilen des Gedichts (Zeilen 13–14) im Verhältnis des gedanklichen Gegensatzes. Damit ist mit Sicherheit die Zuordnung zu einer der Untergliederungen der Ordnungskategorie „Identifikationsbereiche" gewonnen; es handelt sich um den Bereich der Gedanken. Die Zuordnung eines gedanklichen Gegensatzes zu einer der vier Untergliederungen der Ordnungskategorie „Identifikationsmerkmale" ist naturgemäß problematisch. Eine Lösung läßt sich dadurch erreichen, daß man den Gegensatz als gedankliche Ausweitung auffaßt: Ein Gedanke wird ausgedrückt durch zwei im Gegensatzverhältnis zueinander stehende Teilgedanken. Insofern hat man es mit einem Gedankenüberschuß zu tun. Damit ist eine Bestimmung aus der Ordnungskategorie „Identifikationsmerkmale" gefunden, die in Verbindung mit der Zuordnung in der Ordnungskategorie „Identifikationsbereiche" die Iden-

Identifikationsbereiche / Identifikationsmerkmale	Sprache		Gedanken
	Einzelwort	Wortgruppe	
Überschuß (adiectio)		E §§ 240–316 H §§ 607–687	E §§ 364–406 H §§ 858–879
Defizit (detractio)		E §§ 317–328 H §§ 688–711	E §§ 407–411 H §§ 880–889
Anordnung (ordo)		E §§ 329–362 H §§ 712–754	E §§ 412–415 H §§ 890–892
Ersatz/Übertragung (immutatio)	E §§ 170–236 H §§ 552–598		E §§ 416–447 H §§ 893–910

Abb. 12

tifizierung der vorliegenden rhetorischen Figur erlaubt: „Gedanken" und „Überschuß". Beide Bestimmungen führen zu einem Feld der Tabelle, das auf die §§ 364–406 „Elemente"; §§ 858–879 „Handbuch" hinweist (Abb. 12).

Bei der Durchsicht der in dem Feld „Gedanken"/„Überschuß" angegebenen Paragraphen findet man in den §§ 386–392 „Elemente" die Angabe, daß die Gegenüberstellung zweier gegensätzlicher (Teil-)Gedanken Antithese (antítheton) heißt.

Es handelt sich also in dem Gedicht bei der Gegenüberstellung der Aussage der Zeilen 1–12 mit der Aussage der übrigen Zeilen (13–14) um eine ANTITHESE (ANTÍTHETON).

Bei der Durchsicht der in dem Feld angegebenen Paragraphen des „Handbuchs" findet sich dort kein Hinweis auf eine rhetorische Gegensatzstruktur. Die oben angegebene Lösung, die zum Begriff der Antithese (antíthesis) geführt hat, ist also in diesem Fall möglich nur mit Hilfe der „Elemente".

Im „Handbuch" sind die Gedankenfiguren auf Grund der Schwierigkeiten, die sie der Systematisierung entgegenstellen, anders geordnet als in den „Elementen". Im „Handbuch" findet sich die Beschreibung der Gegensatzstruktur, also hier des antítheton[13], in den §§ 787–807, in einem Bereich, der durch diese Tabelle nicht aufgeschlüsselt ist.

---

13 Der Begriff „Antithese" tritt im „Handbuch" nur als Änderungskategorie, nicht als Figur auf.

3.35 Exempel 4

Die Zeilen 3 und 4 des Gedichts von Hofmannswaldau zeigen, gestützt durch die Alliteration („liebliche“ – „lippen“; „schultern“ – „schnee“; vgl. Teil Metrik 7.41), einen in sich gleichartigen Aufbau. Diese Gleichartigkeit betrifft die Reihenfolge der Wörter. Es handelt sich also um den Bereich der Sprache.

Damit sind zwei Bestimmungen gefunden, die die Identifizierung der vorliegenden rhetorischen Figuren erlauben: „Anordnung“ und „Sprache“. Da Anordnungsfiguren im Bereich der Einzelwörter nicht möglich sind, kommt in der Ordnungskategorie „Identifikationsbereiche“ die Untergliederung „Wortgruppe“ in Betracht. Sie führt zusammen mit der Untergliederung „Anordnung“ aus der Ordnungskategorie „Identifikationsmerkmale“ zu einem Feld der Tabelle, das auf die §§ 329–362 „Elemente“; §§ 712–754 „Handbuch“ hinweist (Abb. 13).

Identifikationsbereiche / Identifikationsmerkmale	Sprache		Gedanken
	Einzelwort	Wortgruppe	
Überschuß (adiectio)		E §§ 240–316 H §§ 607–687	E §§ 364–406 H §§ 858–879
Defizit (detractio)		E §§ 317–328 H §§ 688–711	E §§ 407–411 H §§ 880–889
Anordnung (ordo)		E §§ 329–362 H §§ 712–754	E §§ 412–415 H §§ 890–892
Ersatz/Übertragung (immutatio)	E §§ 170–236 H §§ 552–598		E §§ 416–447 H §§ 893–910

Abb. 13

Bei der Durchsicht der in dem Feld „Anordnung“/„Wortgruppe“ angegebenen Paragraphen findet man in § 336 „Elemente“; § 719 „Handbuch“ die Angabe, daß die Neben- bzw. Hintereinanderstellung von Sinneinheiten bei gleicher Satzteilabfolge Parallelismus (isókolon) heißt. Bei einer Füllung der Glieder des Parallelismus mit gleichen Gedanken hat man es zu tun mit der Sonderform INTERPRETATIO des Parallelismus (isókolon) (§ 343 „Elemente“; § 751 „Handbuch“).

Es handelt sich also bei dem gleichartigen Aufbau der beiden Zeilen des Gedichts um eine INTERPRETATIO.

3.351 Bisher sind von den acht Feldern der Tabelle vier zur Demonstration des Verfahrens der Identifikation rhetorischer Figuren benutzt worden (vgl. die typographische Differenzierung).

Dem Leser wird empfohlen, selber anhand der verbleibenden Beispiele aus Kapitel 2 das Verfahren zu erproben. Zur Kontrolle stehen ihm bei Figuren, die systematisch in ein schon vorgeführtes Feld der Tabelle gehören, die in Kapitel 2 genannten Fachbezeichnungen zur Verfügung:

- Inversion (anástrophe): 2.27;
- Überkreuzstellung (Chiasmus): 2.27;
- Metonymie (metonymia): 2.28;
- Oxymoron (oxýmoron): 2.29;
- Wiederholung (repetitio crebra sententiae): 2.34;
- Erläuterung (subnexio): 2.35;
- Gemeinplatz (locus communis): 2.36.

3.352 Die nächsten Beispiele, die zu den vier noch nicht berücksichtigten Feldern der Tabelle gehören, führen die Demonstration des Verfahrens zur Identifizierung rhetorischer Figuren fort, um dem Leser auch hier eine Kontrolle seiner eigenen Versuche zu ermöglichen.

3.36 Exempel 5

Der Zeitschriftentitel „SCHÖNER WOHNEN" ist gegenüber der Normalformulierung (zwischen den Extremen „Es ist notwendig und erstrebenswert, schöner zu wohnen" und „Sie müssen schöner wohnen!") verkürzt. Man kann davon ausgehen, daß diese Verkürzung mehrere für das korrekte Verständnis wichtige Wörter betrifft.

Damit sind zwei Bestimmungen gefunden, die eine Identifikation der vorliegenden rhetorischen Figur erlauben: „Defizit" und „Sprache". „Sprache" kann hier nach Lage der Dinge nur „Wortgruppe" meinen. Über die entsprechenden Untergliederungen der Ordnungskategorien „Identifikationsmerkmale" und „Identifikationsbereiche" findet man in der Tabelle ein Feld, das für das vorliegende rhetorische Phänomen auf die §§ 317–328 „Elemente"; §§ 688–711 „Handbuch" hinweist (Abb. 14).

Bei der Durchsicht der in dem Feld „Defizit"/„Wortgruppe" angegebenen Paragraphen findet man im § 317 „Elemente"; § 690 „Handbuch" die Angabe, daß die Auslassung von normalerweise nötigen Satzbestandteilen, die den syntaktisch-semantischen Zusammenhang in der Schwebe läßt, Ellipse heißt.

Es handelt sich also bei dem Zeitschriftentitel um eine ELLIPSE (ELLÍPSIS).

Die in der Analyse (vgl. 2.33) aufgewiesene Konsequenz dieser Auslassung, die Mehrdeutigkeit (Amphibolie; vgl.: syntaktisch-semantischer Schwebezustand), ist selbst keine Figur, sondern fällt unter die Kategorie der eindeutigen Verständlichkeit des sprachlichen Ausdrucks (perspicuitas; vgl. 1.242) und der damit zusammenhängenden Möglichkeiten rhetorischer Überformung. Die Gegenprobe besteht in dem Befund, daß sich allenfalls

Identifikationsbereiche / Identifikationsmerkmale	Sprache		Gedanken
	Einzelwort	Wortgruppe	
Überschuß (adiectio)	X	E §§ 240–316 H §§ 607–687	E §§ 364–406 H §§ 858–879
Defizit (detractio)	X	E §§ 317–328 H §§ 688–711	E §§ 407–411 H §§ 880–889
Anordnung (ordo)	X	E §§ 329–362 H §§ 712–754	E §§ 412–415 H §§ 890–892
Ersatz/Übertragung (immutatio)	E §§ 170–236 H §§ 552–598	X	E §§ 416–447 H §§ 893–910

Abb. 14

die Zuordnung zur Ordnungskategorie „Identifikationsbereiche" durchführen läßt („Sprache" oder „Gedanke"), nicht aber eine Zuordnung zu einer der vier Untergliederungen der Ordnungskategorie „Identifikationsmerkmale".

3.37 Exempel 6

Man kann bezüglich des Zeitschriftentitels „SCHÖNER WOHNEN" auch davon ausgehen, daß die Verkürzung den Fortfall von für das korrekte Verständnis wichtigen *Gedanken* betrifft.

Identifikationsbereiche / Identifikationsmerkmale	Sprache		Gedanken
	Einzelwort	Wortgruppe	
Überschuß (adiectio)	X	E §§ 240–316 H §§ 607–687	E §§ 364–406 H §§ 858–879
Defizit (detractio)	X	E §§ 317–328 H §§ 688–711	E §§ 407–411 H §§ 880–889
Anordnung (ordo)	X	E §§ 329–362 H §§ 712–754	E §§ 412–415 H §§ 890–892
Ersatz/Übertragung (immutatio)	E §§ 170–236 H §§ 552–598	X	E §§ 416–447 H §§ 893–910

Abb. 15

Damit sind zwei Bestimmungen gefunden, die eine Identifikation der vorliegenden rhetorischen Figur erlauben: „Defizit“ und „Gedanken“. Über die entsprechenden Untergliederungen der Ordnungskategorien „Identifikationsmerkmale“ und „Identifikationsbereiche“ findet man in der Tabelle ein Feld, das für das vorliegende rhetorische Phänomen auf die §§ 407–411 „Elemente“; §§ 880–889 „Handbuch“ hinweist (Abb. 15).

Bei der Durchsicht der in dem Feld „Defizit“/„Gedanken“ angegebenen Paragraphen findet man in den §§ 407 und 408 „Elemente“; im § 880 „Handbuch“ die Angabe, daß das Auslassen von Gedanken, die für das Verständnis notwendig sind, Kürze (brevitas) heißt.

Die spezielle Form der Kürze, die dem Zeitschriftentitel geradezu Befehlscharakter verleiht, heißt lakonische Kürze (Laconica brevitas).

Es handelt sich also bei dem Zeitschriftentitel um die LAKONISCHE KÜRZE (LACONICA BREVITAS).

3.38 Exempel 7

Die in sprichwörtlicher Redeweise vorgetragene Aussage des Werbetextes (W) („Keine Zeit zu haben ist das Los aller berufstätigen Hausfrauen und Mütter.“) enthält ein gesellschaftliches Vorurteil, indem mit dem Argument der zeitlichen Überlastung die Berufstätigkeit der Frau bzw. Mutter in Frage gestellt wird. Das bedeutet in der Konsequenz die Verhinderung einer fortschrittlichen und die Fixierung einer rückschrittlichen Rollenzuweisung für die Frau. Die Negation („Irrtum!“) der sprichwörtlichen Aussage impliziert somit Widerstand gegen dies gesellschaftliche Vorurteil. Dieser Widerstand findet sich jedoch nicht formuliert, sondern muß aus dem Kontext erschlossen werden. Von der Normalform her gesehen wird also der gemeinte Gedanke (Negation eines gesellschaftlichen Vorurteils) durch einen anderen Gedanken (Negation einer in sprichwörtlicher Redeweise vorgetragenen Aussage) ersetzt.

Damit sind zwei Bestimmungen gefunden, die eine Identifikation der vorliegenden rhetorischen Figur erlauben: „Gedanken“ und „Ersatz“. Über die entsprechenden Untergliederungen der Ordnungskategorien „Identifikationsmerkmale“ und „Identifikationsbereiche“ findet man in der Tabelle ein Feld, das für das vorliegende rhetorische Phänomen auf die §§ 416–447 „Elemente“; §§ 893–910 „Handbuch“ hinweist (Abb. 16).

Bei der Durchsicht der in dem Feld „Gedanken“/„Ersatz“ angegebenen Paragraphen findet man im § 419 „Elemente“; § 905 „Handbuch“ die Angabe, daß der Ersatz eines Gedankens durch einen anderen, wobei der eigentlich gemeinte sprachlich ganz unterdrückt wird, so daß er aus dem Kontext erschlossen werden muß, Emphase heißt.

Es handelt sich also bei dieser Sprechweise des Reklametextes – die Analyse in Kapitel 2 hat gezeigt, daß diese Sprechweise für Reklametexte mit manipulativer Tendenz bezeichnend ist – um eine EMPHASE (ÉMPHASIS).

Identifikationsbereiche / Identifikationsmerkmale	Sprache		Gedanken
	Einzelwort	Wortgruppe	
Überschuß (adiectio)	✕	E §§ 240–316 H §§ 607–687	E §§ 364–406 H §§ 858–879
Defizit (detractio)	✕	E §§ 317–328 H §§ 688–711	E §§ 407–411 H §§ 880–889
Anordnung (ordo)	✕	E §§ 329–362 H §§ 712–754	E §§ 412–415 H §§ 890–892
Ersatz/Übertragung (immutatio)	E §§ 170–236 H §§ 552–598	✕	E §§ 416–447 H §§ 893–910

Abb. 16

3.39 Exempel 8

In Ermangelung eines Belegs in den bislang herangezogenen Texten fungiert hier der Schlußsatz von 3.38 als Demonstrationsmaterial: „Es handelt sich also bei dieser Sprechweise des Reklametextes – die Analyse im Kapitel 2 hat gezeigt, daß diese Sprechweise für Reklametexte mit manipulativer Tendenz bezeichnend ist – um eine EMPHASE (ÉMPHASIS).“ An diesem Satz fällt auf, daß in ihn ein syntaktisch nicht in die Gesamtkonstruktion integrierter Gedanke eingeschoben ist. Damit ist mit Sicherheit die Zuordnung zu einer der Untergliederungen der Ordnungskategorie „Identifikationsbereiche“ gewonnen; es handelt sich um einen Gedanken. Die Zuordnung eines in einen Satz unintegriert eingeschobenen Gedankens zu einer der vier Untergliederungen der Ordnungskategorie „Identifikationsmerkmale“ ist problematisch.

Eine Lösung läßt sich auf zwei Wegen erreichen. Man kann einmal davon ausgehen, daß der eingeschobene Gedanke den Haupt-Gedankengang durch seine Stellung im Satz unterbricht. Insofern hat man es mit einem Phänomen der Anordnung zu tun. Damit ist eine zweite Bestimmung gefunden, die in Verbindung mit der Zuordnung in der Ordnungskategorie „Identifikationsbereiche“ die Identifizierung der vorliegenden rhetorischen Figur erlaubt: „Gedanken“ und „Anordnung“. Beide Bestimmungen führen zu einem Feld der Tabelle, das für das vorliegende rhetorische Phänomen auf die §§ 412–415 „Elemente“; §§ 890–892 „Handbuch“ hinweist (Abb. 17).

Bei der Durchsicht der in dem Feld „Gedanken“/„Anordnung“ angegebenen Paragraphen findet man in § 414 „Elemente“ die Angabe, daß ein nicht in die Konstruktion eines Satzes integrierter, eingeschobener Satz Parenthese (parénthesis) heißt.

Identifikationsbereiche / Identifikationsmerkmale	Sprache		Gedanken
	Einzelwort	Wortgruppe	
Überschuß (adiectio)		E §§ 240–316 H §§ 607–687	E §§ 364–406 H §§ 858–879
Defizit (detractio)		E §§ 317–328 H §§ 688–711	E §§ 407–411 H §§ 880–889
Anordnung (ordo)		E §§ 329–362 H §§ 712–754	E §§ 412–415 H §§ 890–892
Ersatz/Übertragung (immutatio)	E §§ 170–236 H §§ 552–598		E §§ 416–447 H §§ 893–910

Abb. 17

Es handelt sich also bei dem letzten Satz unter Ziffer 3.38 um eine PARENTHESE (PARÉNTHESIS).

Bei der Durchsicht der in dem Feld angegebenen Paragraphen des „Handbuchs" findet man jedoch keinen Hinweis auf einen in einen Satz unintegriert eingeschobenen Gedanken.
Die oben angegebene Lösung, die zum Begriff der Parenthese (parénthesis) geführt hat, ist demnach so möglich nur mit Hilfe der „Elemente".

Eine zweite Lösungsmöglichkeit besteht im vorliegenden Fall darin, den in einen Satz unintegriert eingeschobenen Gedanken als eine Erweiterung des Hauptgedankens aufzufassen. Insofern hat man es mit einem Gedankenüberschuß zu tun. Damit ist ein zweites Mal eine Bestimmung aus der Ordnungskategorie „Identifikationsmerkmale" gefunden, die in Verbindung mit der Zuordnung in der Ordnungskategorie „Identifikationsbereiche" die Identifizierung der vorliegenden rhetorischen Figur erlaubt: „Überschuß" und „Gedanken". Beide Bestimmungen führen zu einem Feld der Tabelle, das auf die §§ 364–406 „Elemente"; §§ 858–879 „Handbuch" hinweist (Abb. 18).

Bei der Durchsicht der in dem Feld angegebenen Paragraphen der „Elemente" findet man jedoch erwartungsgemäß keinen Hinweis mehr auf einen in einen Satz unintegriert eingeschobenen Gedanken. Im „Handbuch" findet man bei der Durchsicht der in dem Feld „Überschuß"/„Gedanken" angegebenen Paragraphen im § 860 die Angabe, daß ein nicht in die Konstruktion eines Satzes integrierter eingeschobener Satz Parenthese (parénthesis) heißt.

Es handelt sich also bei dem letzten Satz unter Ziffer 3.38 um eine PARENTHESE (PARÉNTHESIS).

Identifikationsbereiche / Identifikationsmerkmale	Sprache		Gedanken
	Einzelwort	Wortgruppe	
Überschuß (adiectio)		E §§ 240–316 H §§ 607–687	E §§ 364–406 H §§ 858–879
Defizit (detractio)		E §§ 317–328 H §§ 688–711	E §§ 407–411 H §§ 880–889
Anordnung (ordo)		E §§ 329–362 H §§ 712–754	E §§ 412–415 H §§ 890–892
Ersatz/Übertragung (immutatio)	E §§ 170–236 H §§ 552–598		E §§ 416–447 H §§ 893–910

Abb. 18

Die „Elemente“ und das „Handbuch“ unterscheiden sich also in diesem Fall nur durch die Zuordnung, nicht durch die Benennung der Figur (vgl. die Schlußbemerkung unter 3.34).

4 Nachbemerkung

Es hängt mit der Entstehung der Rhetorik im klassischen Altertum, mit der Orientierung der lateinischen Rhetorik an der griechischen und mit der Lateinsprachigkeit der Wissenschaft bis in die Neuzeit hinein zusammen, daß die rhetorischen Fachausdrücke fast ausschließlich der griechischen und lateinischen Sprache entstammen.

Die Bezeichnungen für viele rhetorische Phänomene sind als Fachfremdwort in die literaturwissenschaftliche Terminologie eingegangen (vgl. aus dieser Einführung die Beispiele: Antithese 2.25; Chiasmus 2.27; Ellipse 2.33; Metapher 3.321; Parallelismus 2.26; Parenthese 3.39; mit gewissen Einschränkungen – siehe die Fußnote 12 zu S. 109 – auch Emphase 2.37).

Bei einigen anderen haben sich Übersetzungen/Lehnübersetzungen als sinnvoll erwiesen und eingebürgert (vgl. aus dieser Einführung die Beispiele: Erläuterung/subnexio 2.35; Gemeinplatz/locus communis 2.36; lakonische Kürze/Laconica brevitas 3.37; Mehrdeutigkeit/amphibolia 2.33).

Bei der überwiegenden Fülle der übrigen rhetorischen Termini ist eine Übersetzung, ja schon die Angleichung an die deutsche Sprache wenig sinnvoll. Die Spezialform interpretatio des Parallelismus (3.35) z. B. als „Interpretation" wiederzugeben wäre durch die Mehrdeutigkeit dieses Ausdrucks mehr problematisch als nützlich.

Es besteht also keine Alternative zu der Verwendung der lateinisch-griechischen termini technici.

Zur Erleichterung der Arbeit werden unter Ziffer 7 einige der Begriffe zusammengestellt und erläutert, die in den durch die Tabelle aufgeschlüsselten Paragraphen von Lausbergs Rhetorikbüchern am häufigsten auftreten.

5 Auswahlbibliographie

Die folgende Auswahlbibliographie schließt zeitlich an die von Walter Jens in seinem Artikel „Rhetorik“ (in: Reallexikon der deutschen Literaturgeschichte. Begründet von Paul Merker und Wolfgang Stammler. 2. Auflage. Neu bearbeitet und hrsg. von Werner Kohlschmidt und Wolfgang Mohr. Bd. 3. [Noch im Erscheinen begriffen.] Fünfte Lieferung. Berlin 1971. S. 432–456.) zusammengestellten Literaturangaben an.

Austin, Gilbert: Die Kunst der rednerischen und theatralischen Declamation. In der deutschen Übertragung von Chr. Friedrich Michaelis. Nach der Originalausgabe von 1818. Mit einem Nachwort von Hans Pfeiffer. Hanau 1970.

Badura, Bernhard: Sprachbarrieren. Zur Soziologie der Kommunikation. Stuttgart 1971. (= problemata.)

Barner, Wilfried: Arbeitskreis 2: Rhetorik-Probleme. (Bericht.) In: Dokumente des Internationalen Arbeitskreises für deutsche Barockliteratur. 1. 1973. S. 116–118.

Bauer, Werner M.: Die Schriften des Bernhard von Kraiburg. Ein Beitrag zur Entwicklung der frühhumanistischen Rhetorik in Österreich. In: Sprachkunst 2. 1971. S. 117–172.

Berghahn, Klaus L.: Formen der Dialogführung in Schillers klassischen Dramen. Ein Beitrag zur Poetik des Dramas. Münster 1970. (= Münstersche Beiträge zur deutschen Literaturwissenschaft. 5.)

Bogges, William F.: Hermannus Alemannus 's rhetorical translations. In: Viator. 2. 1971. S. 227–250.

Bolinger, Dwight: Degree words. The Hague 1972. (= Janua linguarum. Ser. maior. 53.)

Bonfatti, Emilio: ‚Trasposizione‘ e retorica. Andreas Gryphius e la versione della *Santa Felicita.* In: Studi di letteratura religiosa tedesca. In memoria di Sergio Lupi. Firenze 1972. S. 285–313.

Brandmeyer, Klaus: Rhetorisches im ‚ackerman‘. Untersuchungen zum Einfluß der Rhetorik und Poetik des Mittelalters auf die literarische Technik Johanns von Tepl. Hamburg. Sprachwiss. Diss. 1970.

Breuer, Dieter: Vorüberlegungen zu einer pragmatischen Textanalyse. In: Wirkendes Wort 22. 1972. S. 1–23.

Breuer, Dieter: Pragmatische Textanalyse. In: Literaturwissenschaft. Eine Einführung für Germanisten. Hrsg. von Dieter Breuer u. a. Frankfurt a. M., Berlin, Wien 1973. (= Ullstein Buch. 2941.) S. 213–340.

Breymayer, Reinhard: Rhetorik und Folkloristik. In: Linguistica Biblica 1. 1971. H. 7/8. S. 2–6.

Breymayer, Reinhard: Die Rhetorik der Kirchenväter bei Joseph Anton Weißenbach SJ <1734–1801> und Joseph Kehrein <1808–1876>. Ein Hinweis auf zwei vergessene Rhetoriker. In: Linguistica Biblica 1. 1971. H. 9/10. S. 36–42.

Breymayer, Reinhard: Zur Bedeutung Klaus Dockhorns für die Rhetorikforschung. In: Linguistica Biblica 2. 1972. H. 17/18. S. 76f.

Breymayer, Reinhard: Bibliographie zum Thema ‚Luther und die Rhetorik‘. In: Linguistica Biblica 3. 1973. H. 21/22. S. 29–44.

Brinkmann, Hennig: Die deutsche Sprache. Gestalt und Leistung. 2., neubearbeitete und erweiterte Auflage. Düsseldorf 1971.

Brüggemann, Diethelm: Gellert, der gute Geschmack und die üblen Briefsteller. Zur

Geschichte der Rhetorik in der Moderne. In: Deutsche Vierteljahrsschrift für Literaturwissenschaft und Geistesgeschichte 45. 1971. S. 117–149.
Collings, Lucy G.: Structural prefiguration in Gottfried's *Tristan*. In: Journal of English and Germanic Philology 72. 1973. S. 378–389.
Crean Jr, John E.: Rhetoric and religion in ‚Der arme Heinrich'. In: Sprachkunst 2. 1971. S. 59–80.
Dahl, Liisa: The dual function of nominal sentences: the colloquial-economical and the literary-rhetorical. In: Neuphilologische Mitteilungen 71. 1970. S. 673–683.
Dockhorn, Klaus: Luthers Glaubensbegriff und die Rhetorik. Zu Gerhard Ebelings Buch ‚Einführung in theologische Sprachlehre'. In: Linguistica Biblica 3. 1973. H. 21/22. S. 19–39.
Dubois, Jacques, u. a.: Allgemeine Rhetorik. Stuttgart 1973. (= Uni-Taschenbücher. 128.)
Fischer, Ludwig: Rhetorik. In: Grundzüge der Literatur- und Sprachwissenschaft. Hrsg. von Heinz Ludwig Arnold und Volker Sinemus. Bd. 1: Literaturwissenschaft. München 1973. (= dtv-WR. 4226.) S. 134–156.
Fischer, Siegfried: Orator und Poeta im Aufgabenvergleich. Berlin (DDR). Phil. Diss. 1968. (Mschr. vervielf.)
Freytag, Wiebke: Das Oxymoron bei Wolfram, Gottfried und andern Dichtern des Mittelalters. München 1972. (= Medium Aevum. 24.)
Fuhrmann, Manfred: Obscuritas. Das Problem der Dunkelheit in der rhetorischen und literarästhetischen Theorie der Antike. In: Immanente Ästhetik – Ästhetische Reflexion. Lyrik als Paradigma der Moderne. Kolloquium Köln 1964. Vorlagen und Verhandlungen. Hrsg. von W. Iser. München 1966. (= Poetik und Hermeneutik. 2.) S. 47–72.
Fuhrmann, Manfred: Das Exemplum in der antiken Rhetorik. In: Geschichte – Ereignis und Erzählung. Hrsg. von Reinhart Koselleck und Wolf-Dieter Stempel. München 1973. (= Poetik und Hermeneutik. 5.) S. 449–452.
Gaier, Ulrich: Fragen an eine politische Rede. In: Der Deutschunterricht 24. 1972. H. 5. S. 64–93.
Geißner, Hellmut: Rhetorik. München 1973. (= bsv Studienmaterial.)
Gerevini, Gian Giacomo: Teoria linguistica e retorica dei tipi: ordinamenti quasi-logici. Progetto di un ordinamento semiologico. In: Storia e scienza della letteratura. Cremona 1970. S. 161–168.
Gerl, Hanna-Barbara: Rhetorik als Philosophie. Laurentius Valla. München 1973. (= Humanistische Bibliothek. Reihe 1: Abhandlungen. 12.)
Göttert, Karl-Heinz: Theologie und Rhetorik in Strickers Weinschlund. In: Beiträge zur Geschichte der deutschen Sprache und Literatur (Tübingen) 93. 1971. S. 289–310.
Grassi, Ernesto: Macht des Bildes – Ohnmacht der rationalen Sprache. Zur Rettung des Rhetorischen. Köln 1970. (= DuMont Dokumente.)
Guiraud, Pierre: Modern linguistics looks at rhetoric: Free indirect style. (Transl. from the French by Leila Vennewitz.) In: Patterns of literary style. Ed. by Joseph Strelka. (= Yearbook of comparative criticism. Vol. 3. 1971.) S. 77–89.
Hantsch, Ingrid: Zur semantischen Strategie der Werbung. In: Sprache im technischen Zeitalter. 1972. H. 42. S. 93–114.
Heyde, Erhard: Der Sprachautomatismus der staatsmonopolistischen Bewußtseinsindustrie. Dargestellt an der Berichterstattung über die DDR in der ‚FAZ' und an der Stimmungsmache für die sogenannte neue Ostpolitik in der Zeitung ‚Die Welt'. Untersuchungszeitraum August 1966 bis März 1968. Leipzig. Diss. Sektion Journalistik. 1970. (Mschr. vervielf.)

Hinderer, Walter (Hrsg.): Deutsche Reden. Stuttgart 1973.

Ishikawa, Mitsunobu: Die Kunstprosa des ahd. Isidor. Ihre stilistisch-rhetorischen Eigenschaften. In: Energeia 3. 1971. S. 28–43.

Jäger, Hans-Wolf: Politische Kategorien in Poetik und Rhetorik der zweiten Hälfte des 18. Jahrhunderts. Stuttgart 1970. (= Texte Metzler. 10.)

Jaffe, Samuel: Rhetoric and ideology in a new history of German literature. In: Modern Philology 71. 1974. S. 304–324.

Jens, Walter: Von deutscher Rede. München 1972. (= dtv. 806.)

Kaemmerling, Hans-Ekkehard: Aspekte einer semiotischen Rhetorik und Stilistik. In: Sprachkunst 4. 1973. S. 189–201.

Köck, Wolfram K.: Manipulation durch Trivialisierung. Elementare sprachliche Möglichkeiten der Konsumprogrammierung. In: Sprache und Gesellschaft. Hrsg. und eingeleitet von Annamaria Rucktäschel. München 1972. (= Uni-Taschenbücher. 131.) S. 275–367.

Kopperschmidt, Josef: ‚Kritische Rhetorik' statt ‚Moderner wissenschaftlicher Rhetorik'. In: Sprache im technischen Zeitalter. 1973. H. 45. S. 18–58.

Kopperschmidt, Josef: Rhetorik. Einführung in die persuasive Kommunikation. Stuttgart 1973. (= Sprache und Literatur. 79.)

Krewitt, Ulrich: Metapher und tropische Rede in der Auffassung des Mittelalters. Ratingen 1971. (= Mittellateinisches Jahrbuch. Beih. 7.)

Lefebve, Maurice-Jean: Rhétorique du récit. In: Poetics. 1971. H. 2. S. 119–134.

Margolin, Jean-Claude: Erasme et le verbe. De la rhétorique à l'herméneutique. In: Erasme, l'Alsace, et son temps. Catalogue de l'exposition réalisée à la Bibliothèque nationale et universitaire de Strasbourg et communications de Jean-Claude Margolin (u. a.). Strasbourg 1971. (= Collections ‚Recherches et documents'. Tome 8. Publications de la Société Savante d'Alsace et des Régions de l'Est.)

Masur, Gerhard: Bismarcks Sprache. In: G. M.: Geschehen und Geschichte. Aufsätze und Vorträge zur europäischen Geistesgeschichte. Mit einem Vorwort von Hans Herzfeld. Berlin 1971. (= Einzelveröffentlichungen der Historischen Kommission zu Berlin. 8.) S. 100–113.

McCarthy, Mary Frances: The use of rhetoric in the *Nibelungenlied*: A stylistic and structural study of *Aventiure V*. In: Modern Language Notes 87. 1972. S. 683–700.

McCarthy, Mary Frances: Commoratio in the ‚Nibelungenlied'. In: Monatshefte 65. 1973. S. 249–259.

Mieder, Wolfgang: Verwendungsmöglichkeiten und Funktionswerte des Sprichwortes in der Wochenzeitung. <Untersuchung der ZEIT für das Jahr 1971.> In: Muttersprache 83. 1973. S. 89–119.

Milic, Lovis T.: Rhetorical choice and stylistic option: the conscious and unconscious poles. (Mit disc.) In: Literary style: a symposium. Ed. by Seymour Chatman. London, New York 1971. S. 24–28.

Molinelli-Stein, Barbara: Seuse als Schriftsteller. <Rhetorik und Rhythmus in seiner Prosa.> Tübingen. Phil. Diss. 1967.

Naumann, Ursula: ‚Denn ein Autor ist der Stadtpfarrer des Universums.' Zum Einfluß geistlicher Rede auf das Werk J. P. F. Richters. In: Jahrbuch der Jean-Paul-Gesellschaft 7. 1972. S. 7–39.

Nichols, Marie Hochmuth: Rhetoric and style. In: Patterns of literary style. Ed. by Joseph Strelka. (= Yearbook of comparative criticism. Vol. 3. 1971.) S. 130 bis 143.

Ohmann, Richard: Speech, action, and style. (Mit disc.) In: Literary style: a symposium. Ed. by Seymour Chatman. London, New York 1971. S. 241–259.

Perelmann, Chaim: The new rhetoric. In: Pragmatics of natural languages. Ed. by Yehoshua Bar-Hillel. Dordrecht 1971. (= Synthese Library.) S. 145–149.

Plett, Heinrich F.: Rhetorik der Affekte. Englische Wirkungsästhetik im Zeitalter der Renaissance. Frankfurt a. M. 1973. (= Respublica Literaria. 15.)

Plett, Heinrich F.: Einführung in die rhetorische Textanalyse. 2., durchgesehene Auflage. Hamburg 1973.

Plett, Heinrich F.: Textwissenschaft und Textanalyse. Semiotik, Linguistik, Rhetorik. Stuttgart 1974. (= Uni-Taschenbücher. 328.)

Reimann, Katharina: Das Kommunistische Manifest – ein Dokument der Redekunst –. In: Doitsu Bungaku-ronkô. Forschungsberichte zur Germanistik. [Jap.] 12. 1970. S. 61–82.

Rhetorik. Beiträge zu ihrer Geschichte in Deutschland vom 15.–20. Jahrhundert. Hrsg. von Helmut Schanze. Frankfurt a. M. 1974. (= Wissenschaftliche Paperbacks: Literaturwissenschaft.)

Riha, Karl: Comics und Werbung. Comics als Werbung, Comics-Elemente in der Werbung. In: Sprache im technischen Zeitalter. 1972. H. 42. S. 153–165.

Ris, Otto F.: Zur anthropologischen Bedeutung des Gesprächs. In: Schweizer Rundschau 71. 1972. S. 404–413.

Schirmer, Karl-Heinz: Rhetorisches im Kreuzlied Albrechts von Johansdorf: *Die hinnen varn, die sagen durch got* <MF 89,21>. In: Mediaevalia litteraria. Festschrift für Helmut de Boor zum 80. Geburtstag. Hrsg. von Ursula Hennig und Herbert Kolb. München 1971. S. 229–253.

Schlüter, Hermann: Grundkurs der Rhetorik. Mit einer Textsammlung und einem Sonderteil über Werbung. München 1974. (= dtv-WR. 4149.)

Schmid, Gerhard: Zur rhetorischen Analyse der kirchlichen Fernsehsendungen „Das Wort zum Sonntag". München. Phil. Diss. 1971.

Schnauber, Cornelius: Wie Hitler sprach und schrieb. Zur Psychologie und Prosodik der faschistischen Rhetorik. Frankfurt a. M. 1972. (= Schriften zur Literatur. 20.)

Schröder, Jürgen: Gotthold Ephraim Lessing. Sprache und Drama. München 1972.

Schulmeister, Rolf: Aedificatio und imitatio. Studien zur intentionalen Poetik der Legende und Kunstlegende. Hamburg 1971. (= Geistes- und sozialwissenschaftliche Dissertationen. 16.)

Stave, Joachim: Anmerkungen zu einem Werbetext aus rhetorischer Sicht. In: Muttersprache 81. 1971. S. 343–350.

Stolt, Birgit: Wortkampf. Frühneuhochdeutsche Beispiele zur rhetorischen Praxis. Frankfurt a. M. 1973. (= Respublica Literaria. 8.)

Stolt, Birgit: Klassische Rhetorik in modernem Gewand. In: Dichtung – Sprache – Gesellschaft. Akten des Internationalen Germanisten-Kongresses in Princeton. Hrsg. von Victor Lange und Hans-Gert Roloff. Frankfurt a. M. 1971. (= Beihefte zum Jahrbuch für Internationale Germanistik. 1.) S. 483–491.

Streubel, Hans Gerhard: Untersuchungen zur Wirksamkeit der Redner in der Bauernbewegung vom Vorabend <1476> der Reformation bis zum Beginn des Bauernkrieges. Jena. Diss. Gesellschaftswiss. Fak. 1970. (Mschr. vervielf.)

Ueding, Gert: Schillers Rhetorik. Idealistische Wirkungsästhetik und rhetorische Tradition. Tübingen 1971. (= Studien zur deutschen Literatur. 27.)

Weinrich, Harald: Hoch und niedrig in der Literatur. In: Deutsche Akademie für Sprache und Dichtung Darmstadt. Jahrbuch 1972. S. 77–89.

Wiedemann, Conrad: Barocksprache, Systemdenken, Staatsmentalität. Perspektiven der Forschung nach Barners ‚Barockrhetorik'. In: Dokumente des Internationalen Arbeitskreises für deutsche Barockliteratur. 1. 1973. S. 21–51.

Zimmermann, Hans Dieter: Der Allgemeine Barzel. Zum politischen Sprachgebrauch. In: Sprache und Gesellschaft. Hrsg. und eingeleitet von Annamaria Rucktäschel. München 1972. (= Uni-Taschenbücher. 131.) S. 115–138.
Zimmermann, Hans Dieter: Elemente zeitgenössischer Rhetorik. In: Diskussion Deutsch 2. 1971. S. 157–168.
Zumthor, Paul: Rhétorique médiévale et poétique. In: Poetics 1. 1971. S. 46–82.

aptum	Angemessenheit der Rede hinsichtlich Gegenstand und Situation.
consuetudo	Die (durch usus eingeschliffene) Sprachgewohnheit; Basis des Begriffs der Normallage.
genus dicendi	Gattung der Rede. Es gibt drei genera dicendi: Gerichtsrede, politische Rede, Festrede (vgl. 1.23).
iudicium	Kritischer Geschmack, der eine Verletzung des aptum verhindert (beim Produzierenden) bzw. tadelt (beim Rezipierenden).
obscuritas	Unverständlichkeit, Dunkelheit eines Gedankens und/oder seiner sprachlichen Formulierung. Gegenbegriff: perspicuitas.
ornatus	Ensemble der rhetorischen Mittel, mit denen Rede im Sinne rhetorischer virtus von der sprachlichen und gedanklichen Normallage abweicht. Er wird verwendet mit ästhetischer (Schmuck; daher der Name) und außerästhetischer Intention (Wirkung).
perspicuitas	Klarheit und Verständlichkeit der Gedanken und ihrer sprachlichen Formulierung. Gegenbegriff: obscuritas.
proprietas	Eigentlichkeit; hierher gehören auch – verbum proprium: das eine Sache eigentlich bezeichnende Wort; – proprie-Sinn: der eigentliche Sinn eines Wortes.
similitudo	Ähnlichkeit. Gemeint ist die Fähigkeit von verschiedenen Wörtern und Gedanken, dieselbe Sache zu bezeichnen. Sie steht zwischen den Extremen von Ausschließung und Identität.
taedium	Gefühl des Widerwillens, das durch unzweckmäßige, gegen das aptum verstoßende Redemittel bewirkt wird.
usus	Üblichkeit der Sprachverwendung (vgl. consuetudo).
verbum proprium	Siehe „proprietas".
virtus	Die einer Sache angemessene positive Qualität. Gemeint ist eine dem aptum entsprechende, also rhetorisch wirkungsvolle Abweichung von der grammatischen, semantischen usw. consuetudo. Gegenbegriff: vitium.
vitium	Verstoß gegen die einer Sache angemessene Auswahl der Mittel. Gemeint ist eine dem aptum widersprechende, also die rhetorische Wirkung beeinträchtigende Abweichung von der grammatischen, semantischen usw. consuetudo. Gegenbegriff: virtus.
voluntas	Die Intention, die der Redende durch die Wahl der Redemittel zu verwirklichen sucht.

Identifikationsbereiche / Identifikationsmerkmale	Sprache		Gedanken
	Einzelwort	Wortgruppe	
Überschuß (adiectio)		E §§ 240–316 H §§ 607–687	E §§ 364–406 H §§ 858–879
Defizit (detractio)		E §§ 317–328 H §§ 688–711	E §§ 407–411 H §§ 880–889
Anordnung (ordo)		E §§ 329–362 H §§ 712–754	E §§ 412–415 H §§ 890–892
Ersatz/Übertragung (immutatio)	E §§ 170–236 H §§ 552–598		E §§ 416–447 H §§ 893–910